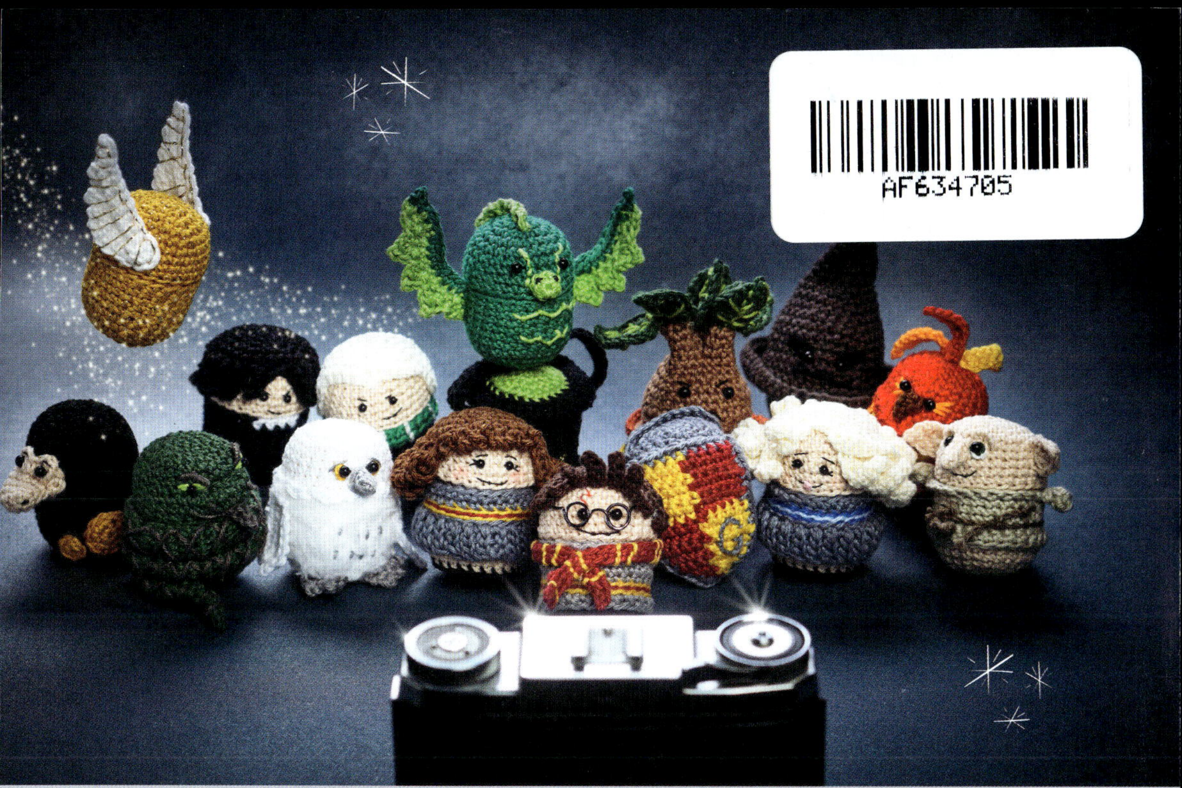



Accio magischer Häkelspaß!

Die Erfolgsserie der kleinen Überraschungs-HäkelEi geht in die nächste Runde. Dieses Mal wird es magisch. Wutsche und wedle die Häkelnadel und häkle Charaktere, Kreaturen und magische Gegenstände rund um den bekanntesten Zauberschüler der Welt.

Zutaten für die Zauberkunst sind lediglich Plastikkapseln, etwas Häkelgarn, eine Häkelnadel und ein bisschen Zeit.

Mit etwas Maschenmagie werden dann aus den Kapseln der beliebten Schokoeier zauberhafte Figuren zum Befüllen, Verschenken, Dekorieren und Sammeln, die immer gut ankommen und für Staunen sorgen.

Viel Spaß beim Häkeln wünscht Ihnen

# Die Zauberpflanze

ihr Schrei kann tödlich sein

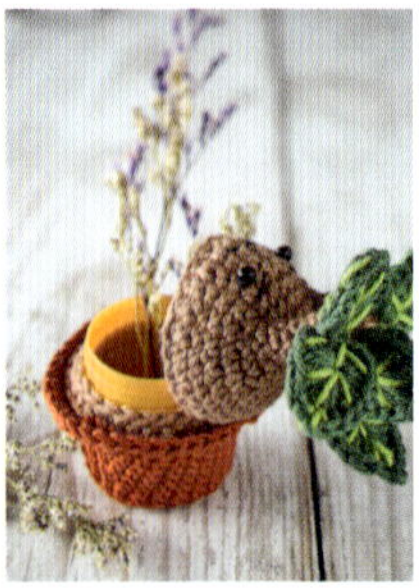

MATERIAL

- Schachenmayr Catania (LL 125 m/ 50 g) in Deep Amber (Fb 438), Terracotta (Fb 388) und Tannenbaum (Fb 419), je 50 g, in Apfel (Fb 205), Rest
- Häkelnadel 3,0 mm
- Stickgarn in Schwarz
- 2 Perlen in Schwarz, ø 4 mm
- Heißkleber

## Anleitung

Alle Teile werden in geschlossenen Rd gearbeitet. Jede Rd mit 1 Steige-Lm beginnen und 1 Km schließen. Diese M werden nicht mitgezählt.

### Oberteil

In Deep Amber 24 Lm anschl. Mit 1 Km zur Rd schließen.
**1. Rd:** 24 fM häkeln (= 24 M).
**2.-5. Rd:** Jeweils 24 fM häkeln.
**6. Rd:** Jede 3. und 4. fM zusammen abmaschen (= 18 M).
**7.+8. Rd:** Jeweils 18 fM häkeln.
Den 1. Ast wie folgt arb:
**1. Rd:** 6 fM auf die 1.-6. M der 8. Rd häkeln. Mit 1 Km in die 1. fM zur Rd schließen (= 6 M).
**2.+3. Rd:** Jeweils 6 fM häkeln.
Faden abschneiden und durchziehen.
Für den 2. Ast in der 7. M der 8. Rd in Deep Amber anschlingen.
**1. Rd:** 6 fM auf die 7.-12. M der 8. Rd häkeln. Mit 1 Km in die 1. fM zur Rd schließen (= 6 M).
**2.+3. Rd:** Jeweils 6 fM häkeln.
Faden abschneiden und durchziehen.
Für den 3. Ast in der 13. M der 8. Rd in Deep Amber anschlingen.
**1. Rd:** 6 fM auf die 13.-18. M der 8. Rd häkeln. Mit 1 Km in die 1. fM zur Rd schließen (= 6 M).
**2.-4. Rd:** Jeweils 6 fM häkeln.
Faden abschneiden und durchziehen.

### Unterteil

In Terracotta einen Magic-Ring anfertigen.
**1. Rd:** 6 fM in den Ring häkeln (= 6 M).
**2. Rd:** Jede fM verdoppeln (= 12 M).
**3. Rd:** Jede 2. fM verdoppeln (= 18 M).
**4. Rd:** Jede 3. fM verdoppeln (= 24 M).
**5. Rd:** 24 Relief-fM von hinten häkeln.
**6.+7. Rd:** Jeweils 24 fM häkeln.
**8. Rd:** Jede 8. fM verdoppeln (= 27 M).
**9. Rd:** 27 fM häkeln.
**10. Rd:** Jede 9. fM verdoppeln (= 30 M).
**11. Rd:** Jede 10. fM verdoppeln (= 33 M).
**12. Rd:** Jede 11. fM verdoppeln (= 36 M).
Den Faden stilllegen.
**13. Rd (Deep Amber):** In Deep Amber anschlingen und in die hinteren M-Glieder häkeln und jede 5. und 6. fM zusammen abmaschen (= 30 M).
**14. Rd:** Jede 4. und 5. fM zusammen abmaschen (= 24 M).
Faden abschneiden und durchziehen.
**15. Rd:** Mit dem stillgelegten Faden in Terracotta in die freien vorderen M-Glied der 12. Rd häkeln und jede 12. fM verdoppeln (= 39 M).
Faden abschneiden und durchziehen.

### Blatt (6x)

In Tannenbaum einen Magic-Ring anfertigen.
**1. Rd:** 1 fM, 5 hStb, 2 Stb, 1 DStb, 1 Lm, 1 Km in das DStb, 1 DStb, 2 Stb, 5 hStb, 1 fM in den Ring häkeln. Faden lang abschneiden und durchziehen.
5 weitere Blätter ebenso häkeln.

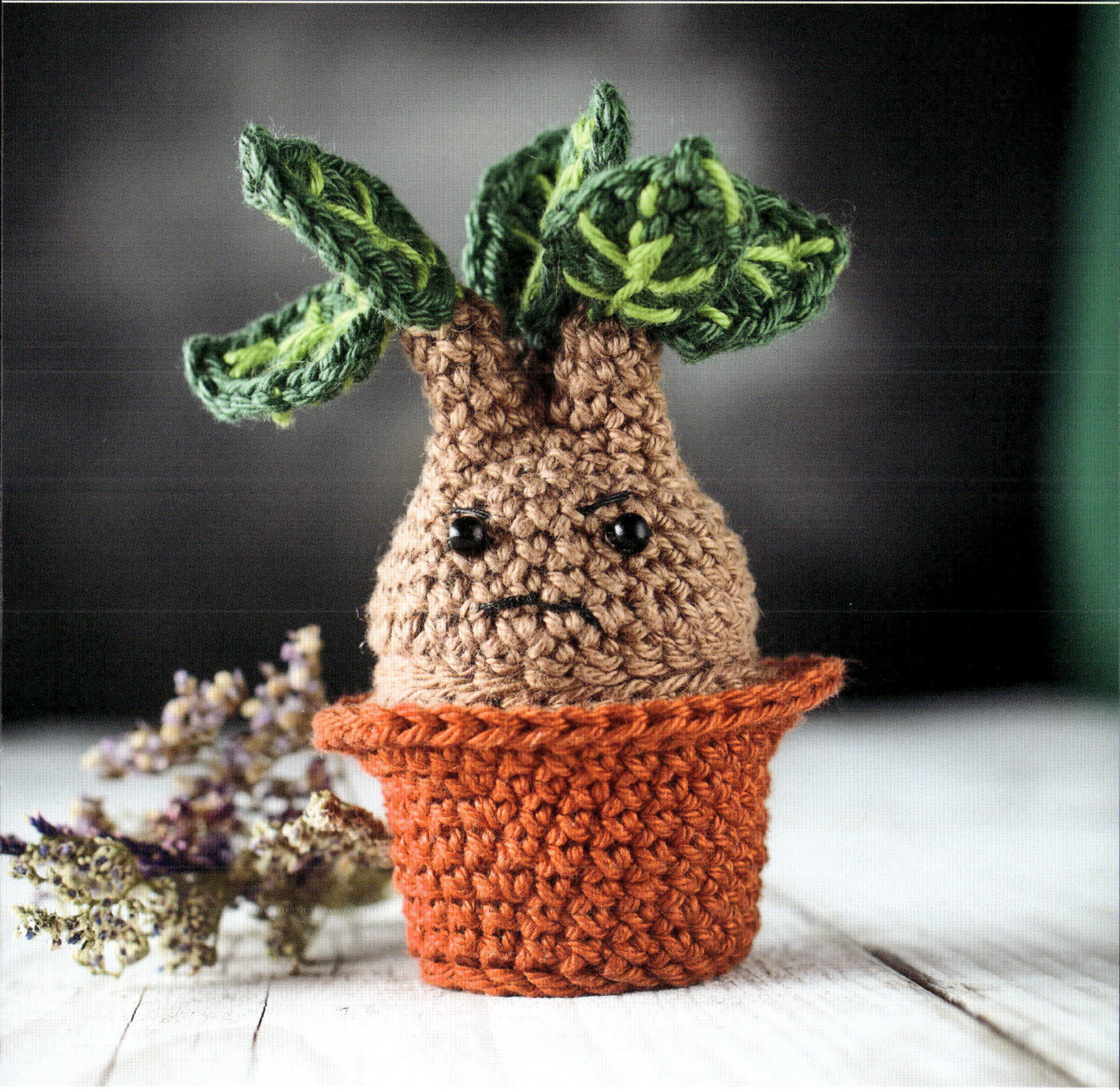

## Fertigstellen

Die Blattadern in Apfel aufsticken. Danach jeweils 2 Blätter auf einem Ast feststecken und annähen. Die Perlen als Augen aufnähen und Augenbrauen und Mund in Schwarz aufsticken. Ober- und Unterteil so an der Kapsel ankleben, dass der Verbindungssteg der Kapsel auf der Rückseite liegt. Mit 4 Überwendlingsstichen Ober- und Unterteil über dem Steg zusammennähen. Alle Fäden vernähen.

# Der blaue Wichtel

## richtet Chaos an

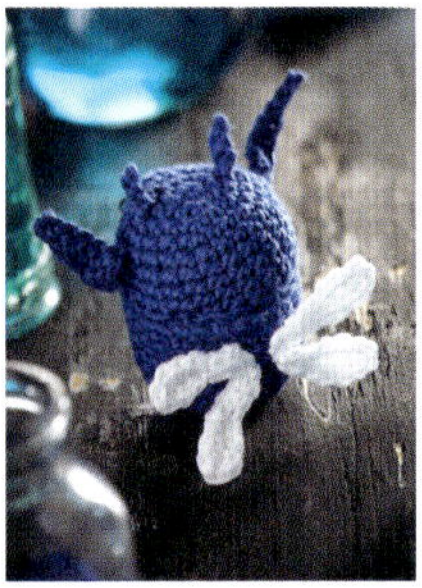

MATERIAL

- Schachenmayr Catania (LL 125 m/ 50 g) in Royal (Fb 201) und Weiß (Fb 106), je 50 g, in Mimose (Fb 100), Rest
- Häkelnadel 3,0 mm
- Stickgarn in Schwarz2 Perlen in Schwarz, ø 4 mm
- Heißkleber

## Anleitung

Alle Teile mit Ausnahme der Ohren, Hörner und Flügel werden in geschlossenen Rd gearbeitet. Jede Rd mit 1 Steige-Lm beginnen und 1 Km schließen. Diese M werden nicht mitgezählt.

### Oberteil

In Royal einen Magic-Ring anfertigen.
1. Rd: 6 fM in den Ring häkeln (= 6 M).
2. Rd: Jede fM verdoppeln (= 12 M).
3. Rd:Jede 2. fM verdoppeln (= 18 M).
4. Rd: Jede 3. fM verdoppeln (= 24 M).
5.-9. Rd: Jeweils 24 fM häkeln.
Faden abschneiden und durchziehen.

### Unterteil

In Royal einen Magic-Ring anfertigen.
1. Rd: 6 fM in den Ring häkeln (= 6 M).
2. Rd: Jede fM verdoppeln (= 12 M).
3. Rd: Jede 2. fM verdoppeln (= 18 M).
4. Rd: Jede 3. fM verdoppeln (= 24 M).
5.-12. Rd: Jeweils 24 fM häkeln.
Faden abschneiden und durchziehen.

### Ohr (2x)

In Royal 8 Lm anschl.
1. R: Ab der 2. Lm von der Nd aus 2 Km, 1 fM, 1 hStb, 2 Stb in 1 M, 1 hStb, 1 fM häkeln. Faden lang abschneiden und durchziehen.
Das 2. Ohr ebenso häkeln.

### Horn (2x)

In Royal 4 Lm anschl.
1. R: Ab der 2. Lm von der Nd aus 3 Km häkeln. Faden lang abschneiden und durchziehen.
Das 2. Horn ebenso häkeln.

### Flügel (4x)

In Weiß 8 Lm anschl.
1. Rd: Ab der 2. Lm von der Nd aus 4 Km, 2 fM, 3 fM in 1 M häkeln. Weiter auf der Unterseite der Lm-Kette 2 fM, 4 Km häkeln. Faden lang abschneiden und durchziehen.
3 weitere Flügel ebenso häkeln.

### Fertigstellen

Die Hörner zwischen den Fingern rollen und fest zusammendrücken. Ohren und Hörner zuerst feststecken und dann annähen. Die Perlen als Augen aufnähen und Mund und Augenbrauen in Schwarz aufsticken. In Mimose die Augen an der Außenseite umranden. Die Flügel auf der Rückseite des Unterteils zuerst feststecken und dann annähen. Ober- und Unterteil so an der Kapsel ankleben, dass der Verbindungssteg der Kapsel auf der Rückseite liegt. Mit 4 Überwendlingsstichen Ober- und Unterteil über dem Steg zusammennähen. Alle Fäden vernähen.

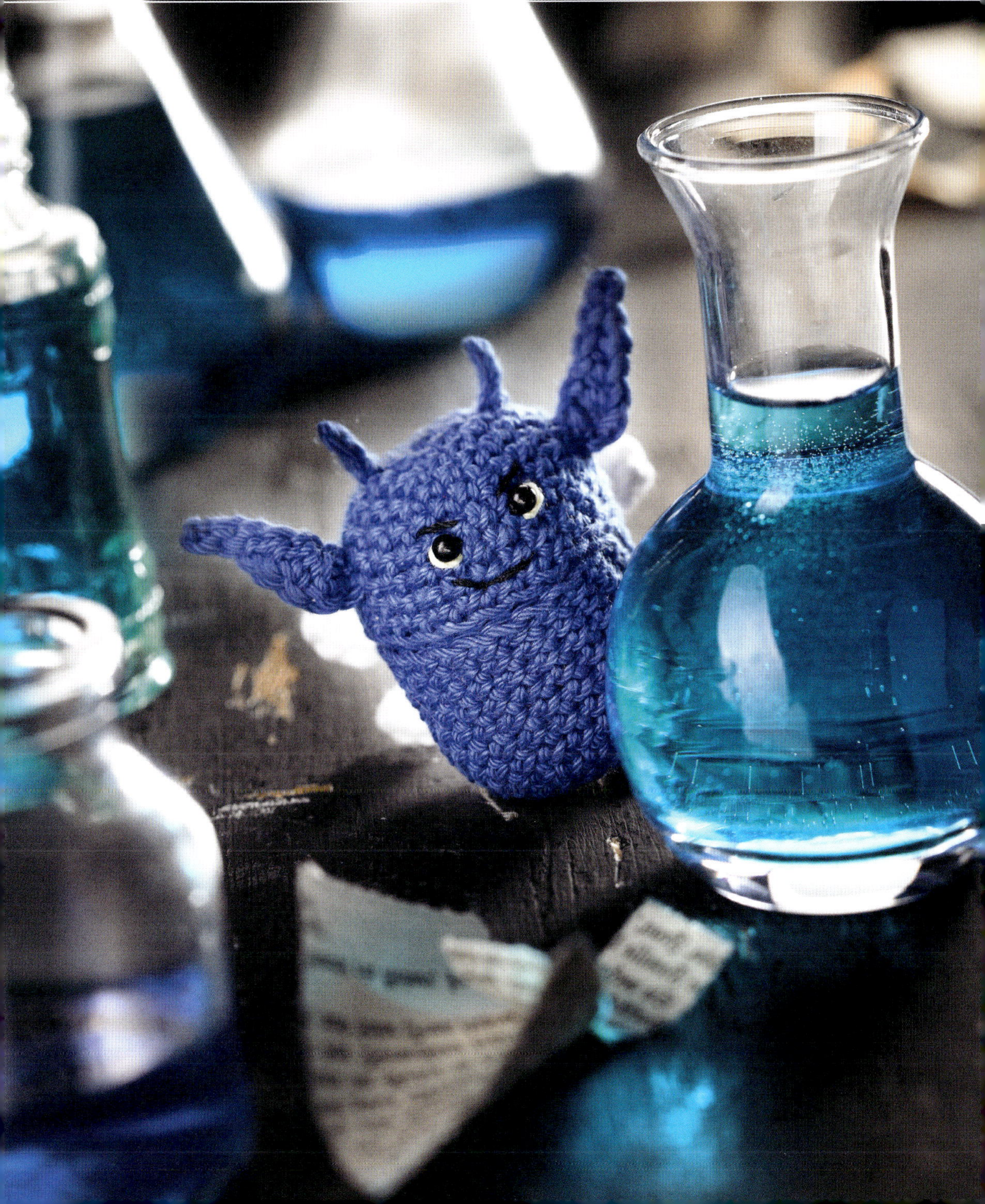

# Das Bier für Zauberschüler

## enthält wenig Alkohol

**MATERIAL**

- Schachenmayr Catania (LL 125 m/ 50 g) in Gold (Fb 249) und Weiß (Fb 106), je 50 g, in Silber (Fb 172), Rest
- Häkelnadel 3,0 mm
- Heißkleber

## Anleitung

Alle Teile mit Ausnahme des Griffs werden in geschlossenen Rd gearbeitet. Jede Rd mit 1 Steige-Lm beginnen und 1 Km schließen. Diese M werden nicht mitgezählt.

### Oberteil

In Weiß einen Magic-Ring anfertigen.
1. Rd: 6 fM in den Ring häkeln (= 6 M).
2. Rd: Jede fM verdoppeln (= 12 M).
3. Rd: Jede 2. fM verdoppeln (= 18 M).
4. Rd: Jede 3. fM verdoppeln (= 24 M).
5. Rd: Jede 4. fM verdoppeln (= 30 M).
6. Rd: 30 Relief-fM von hinten häkeln.
7. Rd: Jede 4. und 5. fM zusammen abmaschen (= 24 M).
8.+9. Rd: Jeweils 24 fM häkeln.
Faden abschneiden und durchziehen.
10. Rd (Gold): 24 fM häkeln.
Faden abschneiden und durchziehen.
In Silber in der 7. Rd anschlingen und 24 fM in die Vs, die bei den Relief-fM oben liegen, häkeln. Faden abschneiden und durchziehen.

### Unterteil

In Silber einen Magic-Ring anfertigen.
1. Rd: 6 fM in den Ring häkeln (= 6 M).
2. Rd: Jede fM verdoppeln (= 12 M).
3. Rd: In die hinteren M-Glied häkeln und jede 2. fM verdoppeln (= 18 M).
4. Rd: Jede 3. fM verdoppeln (= 24 M).
5. Rd: 24 fM häkeln.
Faden abschneiden und durchziehen.
6.–12. Rd (Gold): 24 fM häkeln.
Faden abschneiden und durchziehen.

Für den Sockel in Silber in einem vorderen M-Glied der 2. Rd anschlingen.
1. Rd: In die vorderen M-Glieder 12 fM häkeln.
2. Rd: Jede 2. fM verdoppeln (= 18 M).
3. Rd: 18 fM häkeln.
Faden abschneiden und durchziehen.

### Griff

Mit doppeltem Faden in Silber 16 Lm häkeln. Faden lang abschneiden und durchziehen.

### Fertigstellen

Ober- und Unterteil so an der Kapsel ankleben, dass der Verbindungssteg der Kapsel auf der Rückseite liegt. Mit 4 Überwendlingsstichen Ober- und Unterteil über dem Steg zusammennähen. Den Griff über dem Verbindungssteg zuerst feststecken und dann auf das Oberteil und das Unterteil nähen. Alle Fäden vernähen.

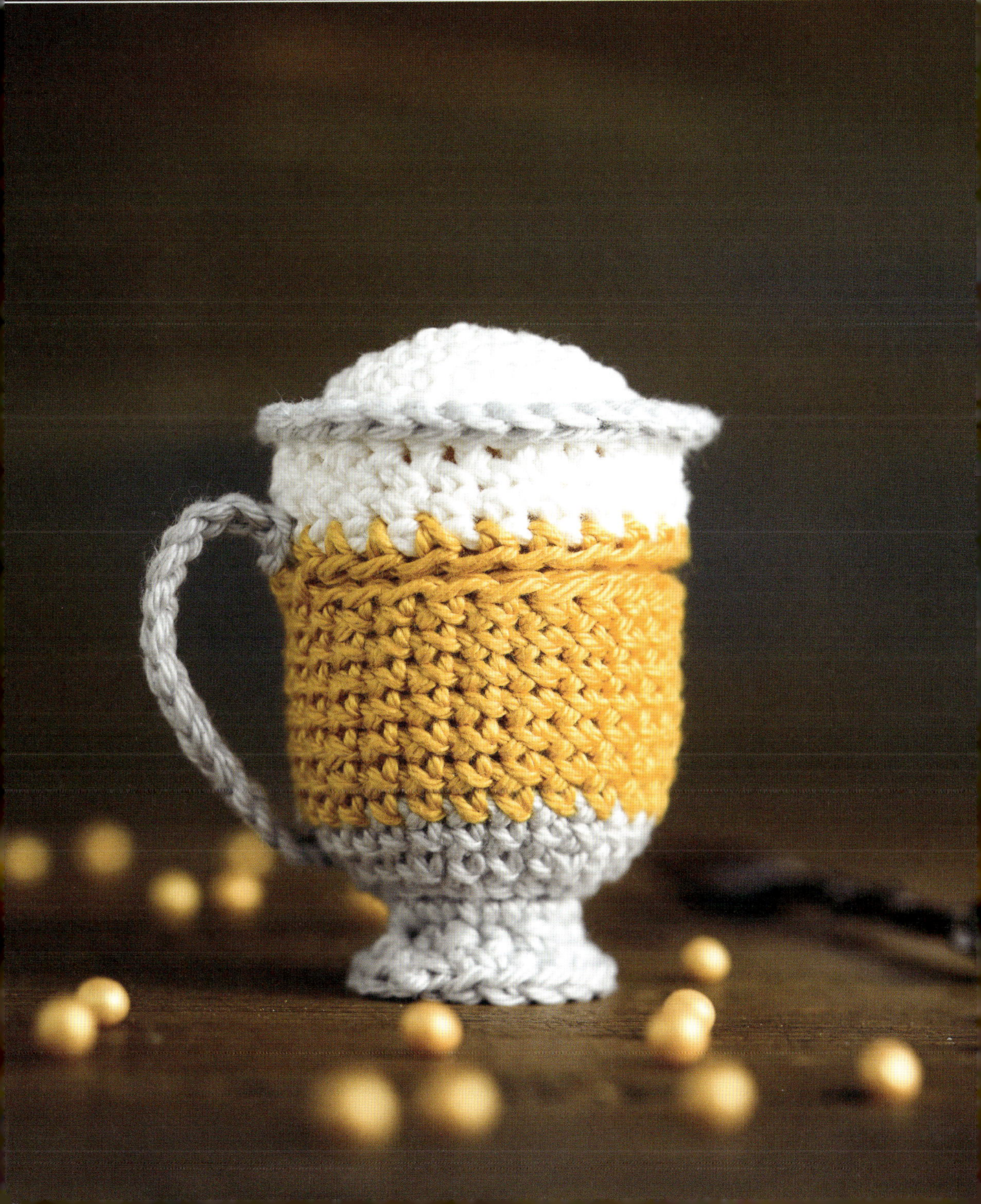

# Der freundliche Elf

## hilfsbereit und loyal

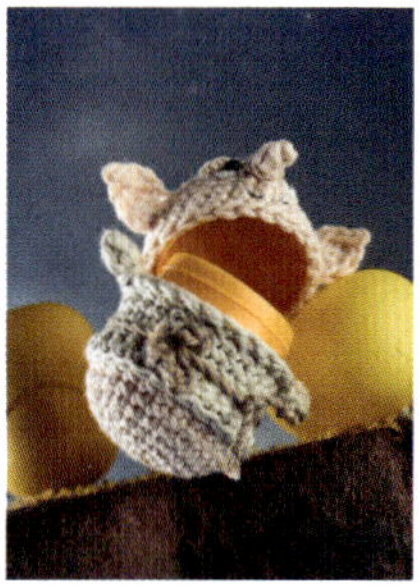

MATERIAL

- Schachenmayr Catania (LL 125 m/ 50 g) in Soft Apricot (Fb 263) und Leinen (Fb 248), je 50 g, in Bast (Fb 257), Weiß (Fb 106) und Khaki (Fb 212), Reste
- Häkelnadel 3,0 mm
- Stickgarn in Schwarz
- 2 Perlen in Schwarz, ø 4 mm
- Heißkleber

## Anleitung

Alle Teile mit Ausnahme der Nase und der Socke werden in geschlossenen Rd gearbeitet. Jede Rd mit 1 Steige-Lm beginnen und 1 Km schließen. Diese M werden nicht mitgezählt.

### Oberteil

In Soft Apricot einen Magic-Ring anfertigen.
1. Rd: 6 fM in den Ring häkeln (= 6 M).
2. Rd: Jede fM verdoppeln (= 12 M).
3. Rd: Jede 2. fM verdoppeln (= 18 M).
4. Rd: Jede 3. fM verdoppeln (= 24 M).
5.-9. Rd: Jeweils 24 fM häkeln.
Faden abschneiden und durchziehen.

### Unterteil

In Soft Apricot einen Magic-Ring anfertigen.
1. Rd: 6 fM in den Ring häkeln (= 6 M).
2. Rd: Jede fM verdoppeln (= 12 M).
3. Rd: Jede 2. fM verdoppeln (= 18 M).
4. Rd: Jede 3. fM verdoppeln (= 24 M).
5.-7. Rd: Jeweils 24 fM häkeln.
Faden abschneiden und durchziehen.
Nun das Hemd wie folgt häkeln:
8. Rd (Leinen): 24 fM in die hinteren M-Glied häkeln.
9.-12. Rd: Jeweils 24 fM häkeln.
Nun das Unterteil so drehen, dass die 1. Rd nach oben zeigt.
13. Rd: 5 fM, (1 hStb, 3 Stb, 1 hStb) in 1 M, 11 fM, (1 hStb, 3 Stb, 1 hStb) in 1 M, 6 fM (= 32 M).
Faden abschneiden und durchziehen.
Für den Saum des Hemdchens in der 7. Rd in Leinen neu anschlingen und gegen die eigentliche Richtung häkeln.
1. Rd: In die freien vorderen M-Glieder 24 fM häkeln.
2. Rd: 24 fM häkeln.
Faden abschneiden und durchziehen.

### Ohr (2x)

In Soft Apricot einen Magic-Ring anfertigen.
1. Rd: 1 fM, 1 hStb, 1 Stb, 1 DStb, 1 Lm, 1 Km in das DStb, 3 Lm, 1 fM in den Ring häkeln. Mit 1 Km zur Rd schließen. Faden lang abschneiden und durchziehen.
Das 2. Ohr ebenso häkeln.

### Nase

In Soft Apricot einen Magic-Ring anfertigen.
1. R: 3 Lm, 4 Stb in den Ring häkeln. Faden lang abschneiden und durchziehen.

### Socke

In Bast 3 Lm anschl.
1. Rd: Ab der 2. Lm von der Nd aus 1 fM verdoppeln, 2 Lm, 1 DStb häkeln.
Faden abschneiden und durchziehen.

### Fertigstellen

Die Nase rollen und fest zusammendrücken. Ohren und Nase auf das Oberteil nähen. Die Perlen als Augen aufnähen und den Mund in Schwarz aufsticken. Mit Weiß und Khaki die Augen umranden. Aus Bast eine Kordel von 20 cm Länge drehen, um das Unterteil knoten und den Socken durchstecken. Beim Unterteil die Zipfel der 13. Rd mit einem Faden in Leinen umwickeln und festknoten. Ober- und Unterteil so an der Kapsel ankleben, dass der Verbindungssteg der Kapsel auf der Rückseite liegt. Mit 4 Überwendlingsstichen Ober- und Unterteil über dem Steg zusammennähen. Alle Fäden vernähen.

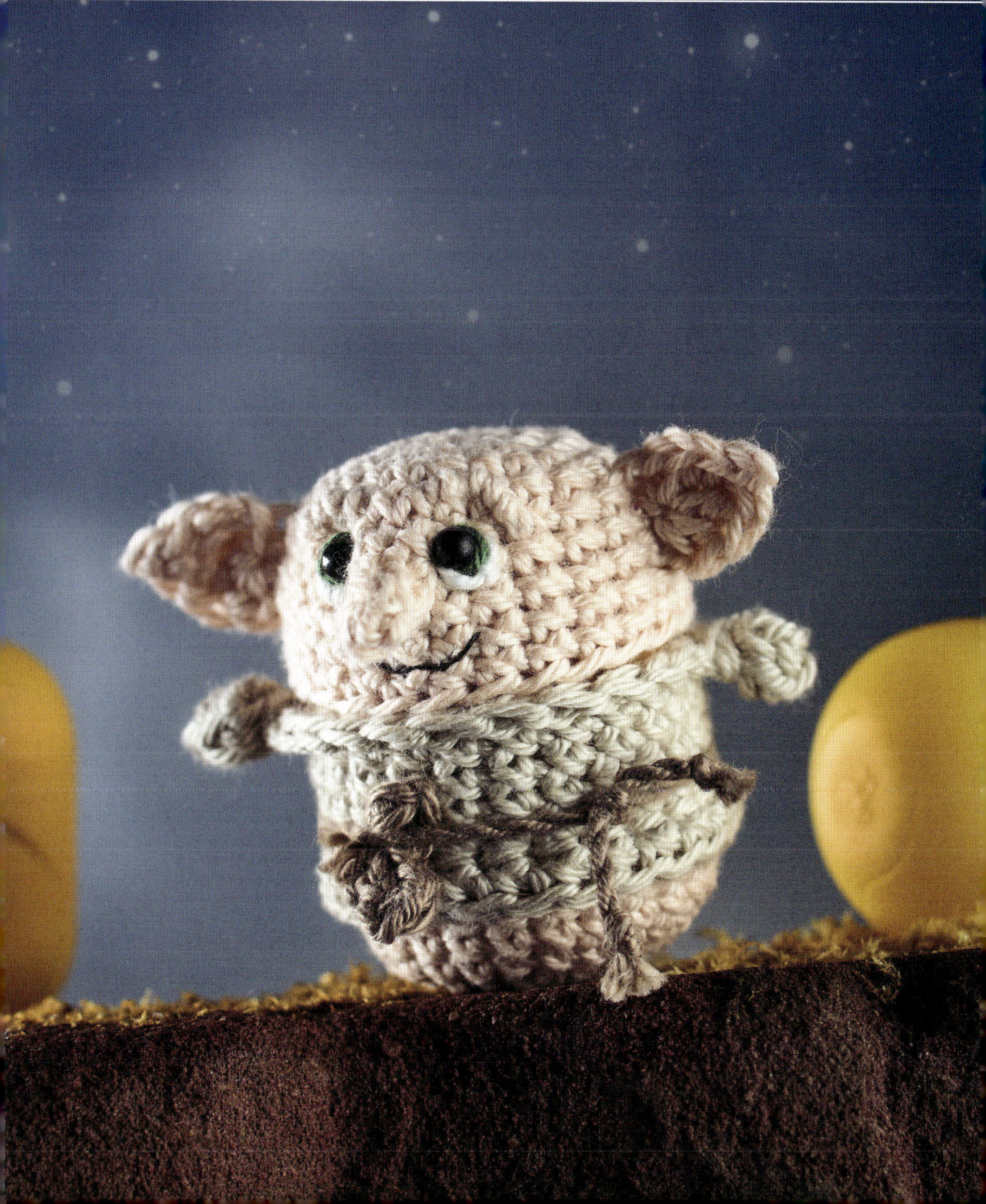

# Die bösartige Lehrerin

## fügt Schmerzen zu

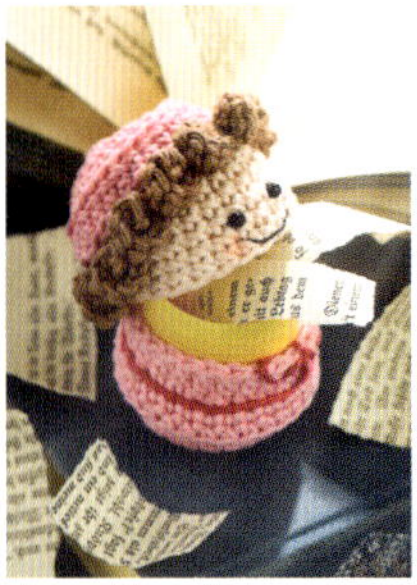

MATERIAL

- Schachenmayr Catania (LL 125 m/ 50 g) in Soft Apricot (Fb 263), Orchidee (Fb 222) und Schlamm (Fb 406), je 50 g, in Cyclam (Fb 114), Rest
- Häkelnadel 3,0 mm
- Stickgarn in Schwarz
- 2 Perlen in Schwarz, ø 3 mm
- Rouge
- Heißkleber

## Anleitung

Alle Teile werden in geschlossenen Rd gearbeitet. Jede Rd mit 1 Steige-Lm beginnen und 1 Km beenden. Diese M werden nicht mitgezählt.

### Oberteil

In Soft Apricot einen Magic-Ring anfertigen.
1. Rd: 6 fM in den Ring häkeln (= 6 M).
2. Rd: Jede fM verdoppeln (= 12 M).
3. Rd: Jede 2. fM verdoppeln (= 18 M).
4. Rd: Jede 3. fM verdoppeln (= 24 M).
5.- 9. Rd: Jeweils 24 fM häkeln.
Faden abschneiden und durchziehen.

### Unterteil

In Orchidee einen Magic-Ring anfertigen.
1. Rd: 6 fM in den Ring häkeln (= 6 M).
2. Rd: Jede fM verdoppeln (= 12 M).
3. Rd: Jede 2. fM verdoppeln (= 18 M).
4. Rd: Jede 3. fM verdoppeln (= 24 M).
5. Rd: 24 Relief-fM von hinten häkeln.
Faden abschneiden und durchziehen.
6.+7. Rd (Soft Apricot): Jeweils 24 fM häkeln.
Faden abschneiden und durchziehen.
8. Rd (Orchidee): 24 fM häkeln.
9. Rd: In die hinteren M-Glieder häkeln und jede 4. fM verdoppeln (= 30 M).
10. Rd: Jede 4. und 5. fM zusammen abmaschen (= 24 M).
11.+12. Rd: Jeweils 24 fM häkeln.
Faden abschneiden und durchziehen.
Für das Röckchen in der 8. Rd in Orchidee neu anschlingen und gegen die eigentliche Richtung häkeln.
1. Rd: In die freien vorderen M-Glieder häkeln und jede 4. fM verdoppeln (= 30 M).
2. Rd: 30 fM häkeln.
Faden abschneiden und durchziehen.

### Hut

In Orchidee einen Magic-Ring anfertigen.
1. Rd: 6 fM in den Ring häkeln (= 6 M).
2. Rd: Jede fM verdoppeln (= 12 M).
3. Rd: Jede 2. fM verdoppeln (= 18 M).
4. Rd: Jede 3. fM verdoppeln (= 24 M).
5. Rd: Jede 6. fM verdoppeln (= 27 M).
6. Rd: 27 Relief-fM von hinten häkeln.
7. Rd: 27 fM häkeln.
Faden lang abschneiden und durchziehen.

### Haare

In Schlamm einen Magic-Ring anfertigen.
1. Rd: 6 fM in den Ring häkeln (= 6 M).
2. Rd: Jede fM verdoppeln (= 12 M).
3. Rd: Jede 2. fM verdoppeln (= 18 M).
4. Rd: Jede 3. fM verdoppeln (= 24 M).
5. Rd: Jede 6. fM verdoppeln (= 27 M).
6. Rd: * 1 fM, 5 Lm, ab der 2. Lm von der Nd aus 4 fM verdoppeln, 1 fM, ab * noch 12x wdh, 1 fM, 5 Lm, ab der 2. Lm von der Nd aus 4 fM verdoppeln, 1 Km (= 14 Locken).
Faden lang abschneiden und durchziehen.

### Fertigstellen

Die Haare zuerst feststecken und dann annähen. Danach den Hut auf die Haare stecken und annähen. Die Perlen als Augen aufnähen und den Mund aufsticken. Mit Rouge die Wangen betonen. In Cyclam die Details auf dem Unterteil aufsticken. Ober- und Unterteil so an der Kapsel ankleben, dass der Verbindungssteg der Kapsel auf der Rückseite liegt. Mit 4 Überwendlingsstichen Ober- und Unterteil über dem Steg zusammennähen. Alle Fäden vernähen.

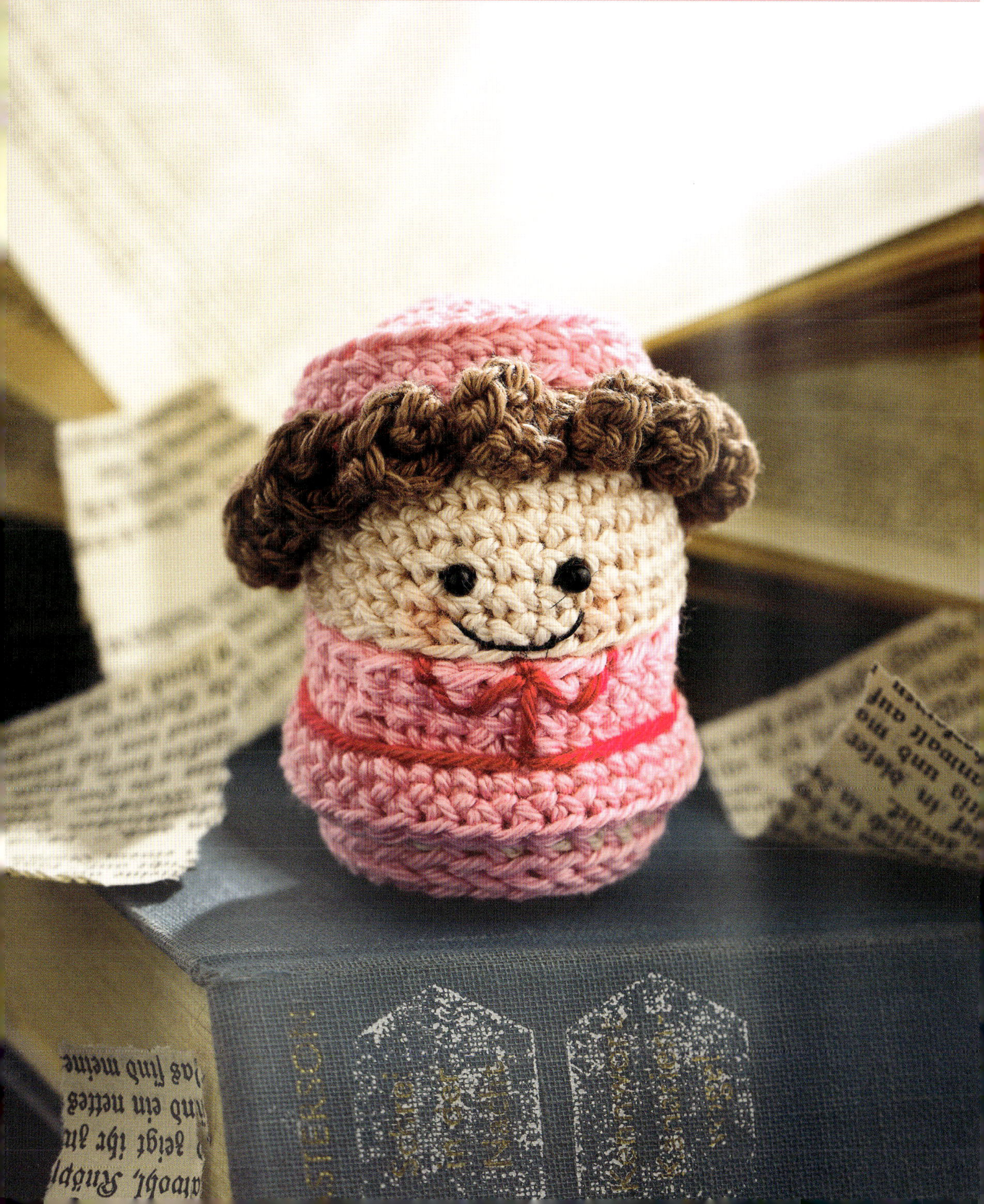

# Der beste Freund

## loyal und gutmütig

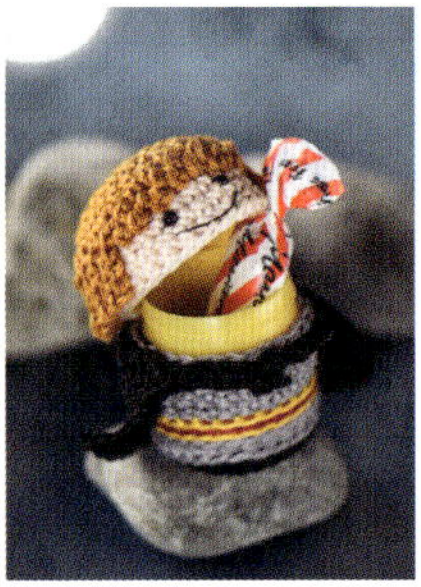

MATERIAL

- Schachenmayr Catania (LL 125 m/ 50 g) in Schwarz (Fb 110), Soft Apricot (Fb 263), Rauchgrau (Fb 435) und Zimt (Fb 383), je 50 g, in Weinrot (Fb 192) und Sonne (Fb 208), Reste
- Häkelnadel 3,0 mm
- Stickgarn in Schwarz und Rot
- 2 Perlen in Schwarz, ø 3 mm
- Heißkleber

## Anleitung

Alle Teile mit Ausnahme des Umhangs und der Strähnen werden in geschlossenen Rd gearbeitet. Jede Rd mit 1 Steige-Lm beginnen und 1 Km schließen. Diese M werden nicht mitgezählt.

### Oberteil

In Soft Apricot einen Magic-Ring anfertigen.
1. Rd: 6 fM in den Ring häkeln (= 6 M).
2. Rd: Jede fM verdoppeln (= 12 M).
3. Rd: Jede 2. fM verdoppeln (= 18 M).
4. Rd: Jede 3. fM verdoppeln (= 24 M).
5.-9. Rd: Jeweils 24 fM häkeln.
Faden abschneiden und durchziehen.

### Unterteil

In Schwarz einen Magic-Ring anfertigen.
1. Rd: 6 fM in den Ring häkeln (= 6 M).
2. Rd: Jede fM verdoppeln (= 12 M).
3. Rd: Jede 2. fM verdoppeln (= 18 M).
4. Rd: Jede 3. fM verdoppeln (= 24 M).
5. Rd: 24 fM häkeln.
Faden abschneiden und durchziehen.
6. Rd (Rauchgrau): 24 Relief-fM von hinten häkeln.
7. Rd: In die hinteren M-Glieder 24 fM häkeln.
Faden stilllegen.
8. Rd (Sonne): 24 Km häkeln.
Faden stilllegen.
9. Rd (Weinrot): In die hinteren M-Glieder 24 Km häkeln.
Faden abschneiden und durchziehen.
10. Rd (Sonne): In die hinteren M-Glieder 24 Km häkeln.
Faden abschneiden und durchziehen.
11. Rd (Rauchgrau): In die hinteren M-Glieder 24 Km häkeln.
12.-15. Rd: Jeweils 24 fM häkeln.
Faden abschneiden und durchziehen.

### Haare

In Zimt einen Magic-Ring anfertigen.
1. Rd: 6 fM in den Ring häkeln (= 6 M).
2. Rd: Jede fM verdoppeln (= 12 M).
3. Rd: Jede 2. fM verdoppeln (= 18 M).
4. Rd: Jede 3. fM verdoppeln (= 24 M).
5. Rd: Nun 24 Strähnen wie folgt häkeln:
1.-16. Strähne: * 1 fM, 5 Lm, 4 Km ab der 2. Lm von der Nd aus häkeln, 1 Km in die fM, ab * noch 15x wdh.
17.-24. Strähne: * 1 fM, 2 Lm, 1 Km in die 2. Lm von der Nd aus häkeln, 1 Km in die fM, ab * noch 7x wdh.
Faden lang abschneiden und durchziehen.

### Umhang

In Schwarz 36 Lm anschl und den Faden abschneiden. In der 9. Lm der Lm-Kette neu anschlingen. Weiter in R arb. Jede R mit einer Wende-Lm beginnen.
1.-7. R: Je 20 fM häkeln.
Faden abschneiden und durchziehen.
In der 1. Lm der Lm-Kette neu anschlingen und den Umhang wie folgt umhäkeln:
8 Km, 7 fM auf die Rdm, 1 Lm, 20 fM, 1 Lm, 7 fM auf die Rdm, 8 Km auf die Lm-Kette.
Faden abschneiden und durchziehen.

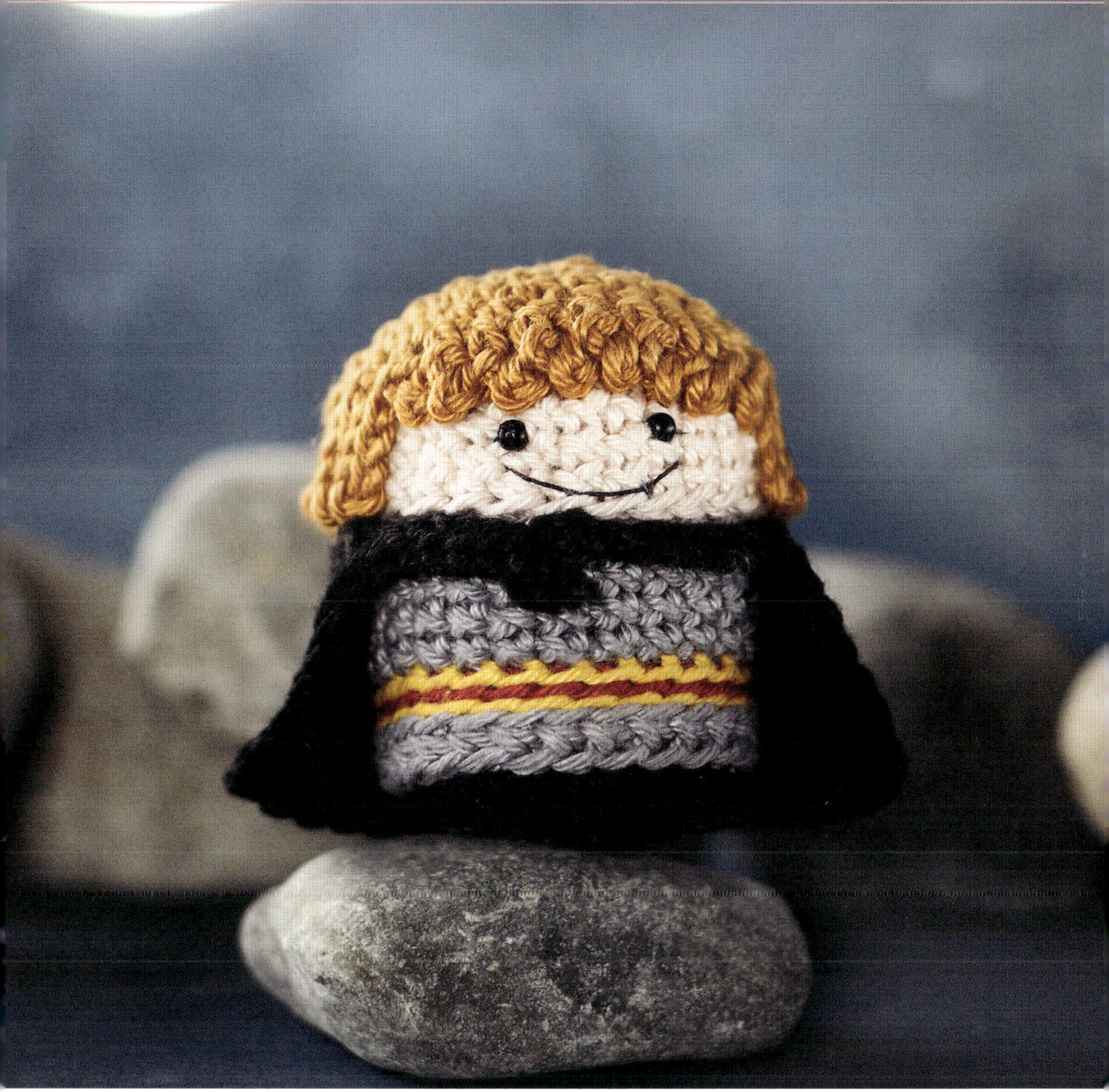

### Fertigstellen

Die Haare zuerst feststecken und dann auf das Oberteil nähen. Die Perlen als Augen aufnähen und den Mund in Schwarz aufsticken. Den Umhang um das Unterteil schlingen und mit ein paar Stichen fixieren. Ober- und Unterteil so an der Kapsel ankleben, dass der Verbindungssteg der Kapsel auf der Rückseite ist. Mit 4 Überwendlingsstichen Ober- und Unterteil über dem Steg zusammennähen. Alle Fäden vernähen.

# Der weise Schulleiter

## und größte Zauberer

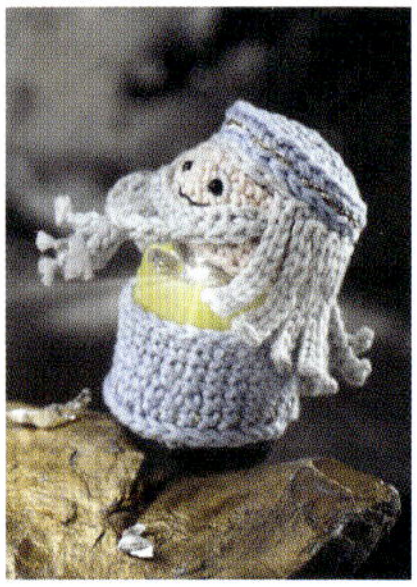

MATERIAL

- Schachenmayr Catania (LL 125 m/ 50 g) in Soft Apricot (Fb 263), Serenity (Fb 180) und Nebel (Fb 434), je 50 g, in Schwarz (Fb 110), Rest
- Häkelnadel 3,0 mm
- Stickgarn in Schwarz
- Wooly Hugs Beilaufgarn (LL 1000 m/ 25 g) in Gold (Fb 300), Rest
- 2 Perlen in Schwarz, ø 3 mm
- Heißkleber

## Anleitung

Alle Teile mit Ausnahme des Barts werden in geschlossenen Rd gearbeitet. Jede Rd mit 1 Steige-Lm beginnen und 1 Km schließen. Diese M werden nicht mitgezählt.

### Oberteil

In Soft Apricot einen Magic-Ring anfertigen.
1. Rd: 6 fM in den Ring häkeln (= 6 M).
2. Rd: Jede fM verdoppeln (= 12 M).
3. Rd: Jede 2. fM verdoppeln (= 18 M).
4. Rd: Jede 3. fM verdoppeln (= 24 M).
5.-9. Rd: Jeweils 24 fM häkeln.
Faden abschneiden und durchziehen.

### Unterteil

In Schwarz einen Magic-Ring anfertigen.
1. Rd: 6 fM in den Ring häkeln (= 6 M).
2. Rd: Jede fM verdoppeln (= 12 M).
3. Rd: Jede 2. fM verdoppeln (= 18 M).
4. Rd: Jede 3. fM verdoppeln (= 24 M).
5. Rd: 24 Relief-fM von hinten häkeln.
Faden abschneiden und durchziehen.
6. Rd (Serenity): In die vorderen M-Glieder häkeln und jede 4. fM verdoppeln (= 30 M).
7. Rd: 30 Relief-fM von hinten häkeln.
8. Rd: Jede 9. und 10 fM zusammen abmaschen (= 27 M).
9. Rd: 27 fM häkeln.
10. Rd: Jede 8. und 9. fM zusammen abmaschen (= 24 M).
11.+13. Rd: Jeweils 24 fM häkeln.
Faden abschneiden und durchziehen.

### Hut

In Serenity einen Magic-Ring anfertigen.
1. Rd: 6 fM in den Ring häkeln (= 6 M).
2. Rd: Jede fM verdoppeln (= 12 M).
3. Rd: Jede 2. fM verdoppeln (= 18 M).
4. Rd: Jede 3. fM verdoppeln (= 24 M).
5. Rd: Jede 6. fM verdoppeln (= 27 M).
6. Rd: 27 Relief-fM von hinten häkeln.
7. Rd: 27 fM häkeln.
Faden lang abschneiden und durchziehen.

### Haare

In Nebel einen Magic-Ring anfertigen.
1. Rd: 6 fM in den Ring häkeln (= 6 M).
2. Rd: Jede fM verdoppeln (= 12 M).
3. Rd: Jede 2. fM verdoppeln (= 18 M).
4. Rd: Jede 3. fM verdoppeln (= 24 M).
5. Rd: Nun 16 Strähnen häkeln wie folgt:
* 1 fM, 11 Lm, 10 Km auf die Lm-Kette häkeln, ab * noch 15x wdh. 8 fM häkeln.
Faden lang abschneiden und durchziehen.

### Bart

In Nebel 15 Lm anschl.
1. R: Ab der 2. Lm von der Nd aus 14 fM häkeln.
Faden abschneiden und durchziehen.
In die 4.-11. M jeweils 1 Barthaar häkeln.
Für jedes Barthaar in Nebel neu anschlingen und jeweils 8 Lm häkeln. Faden abschneiden und durchziehen.

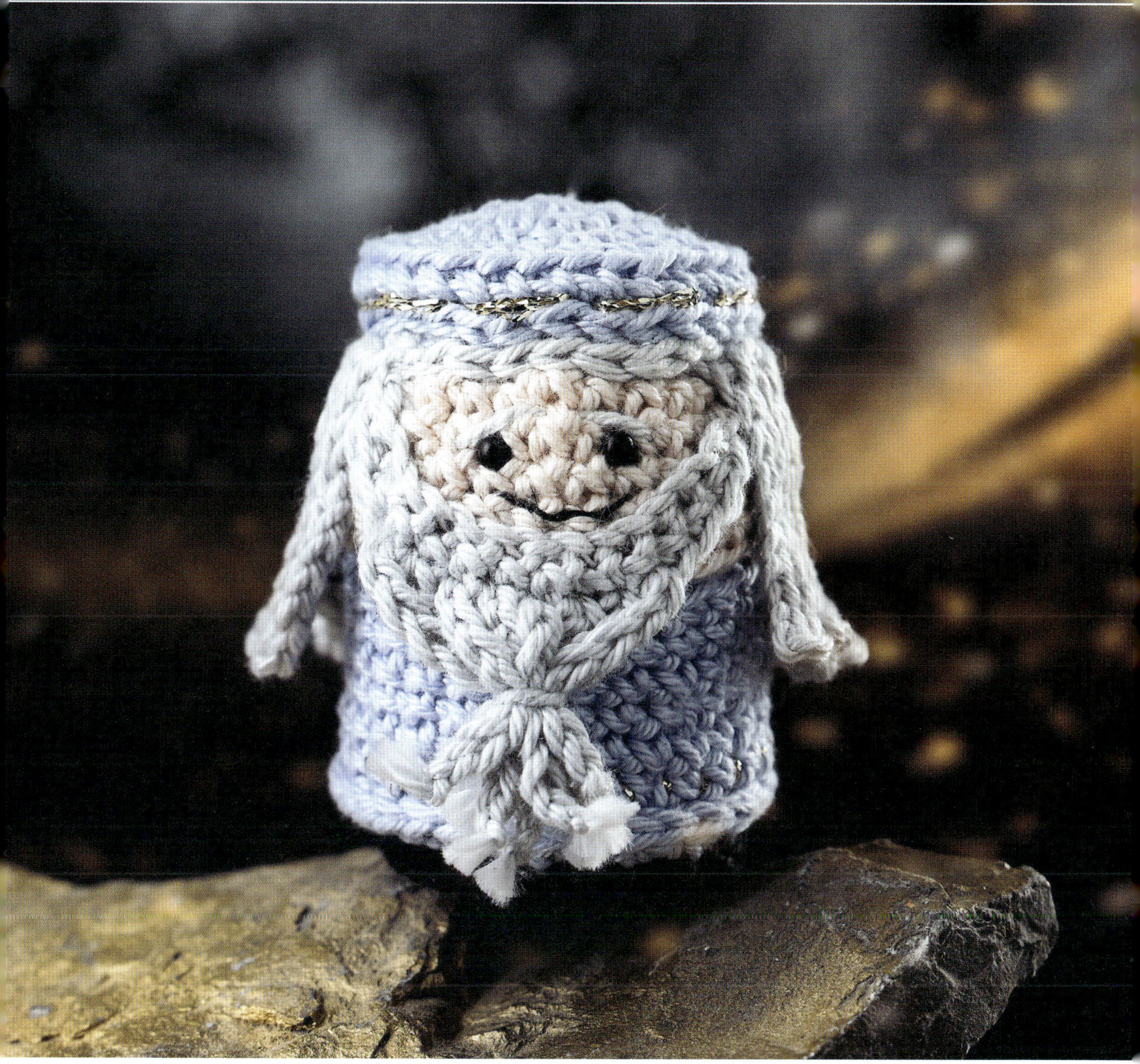

## Fertigstellen

Die Haare zuerst feststecken und dann annähen. Die Perlen als Augen aufnähen. Den Mund in Schwarz und die Augenbrauen in Nebel aufsticken. Den Bart im Gesicht feststecken und annähen. Den Bart mit einem Faden in Nebel zweimal umwickeln und verknoten. Mit 4-fachem Beilaufgarn auf Hut und Unterteil goldene Details aufsticken. Ober- und Unterteil so an der Kapsel ankleben, dass der Verbindungssteg der Kapsel auf der Rückseite liegt. Mit 4 Überwendlingsstichen Ober- und Unterteil über dem Steg zusammennähen. Alle Fäden vernähen.

# Die Schnee-Eule

## überbringt alle Briefe

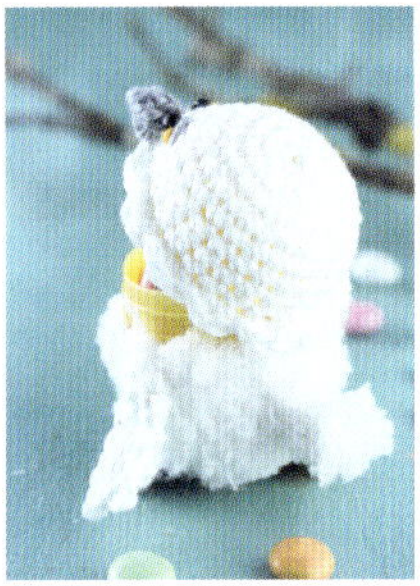

MATERIAL

- Schachenmayr Catania (LL 125 m/50 g) in Weiß (Fb 106), 50 g, in Rauchgrau (Fb 435) und Gold (Fb 249), Reste
- Schachenmayr Baby Smiles Lenja Soft (LL 85 m/25 g) in Weiß (Fb 1001), 25 g
- Häkelnadel 3,0 mm
- 2 Perlen in Schwarz, ø 4 mm
- Heißkleber

## Anleitung

Alle Teile mit Ausnahme der Füße und des Schwänzchens werden in geschlossenen Rd gearbeitet. Jede Rd mit 1 Steige-Lm beginnen und 1 Km schließen. Diese M werden nicht mitgezählt.

### Oberteil

In Weiß (Catania) einen Magic-Ring anfertigen.

1. Rd: 6 fM in den Ring häkeln (= 6 M).
2. Rd: Jede fM verdoppeln (= 12 M).
3. Rd: Jede 2. fM verdoppeln (= 18 M).
4. Rd: Jede 3. fM verdoppeln (= 24 M).
5.-9. Rd: Jeweils 24 fM häkeln.
10. Rd: * (1 fM, 1 hStb, 1 fM) in 1 M, 1 Km, ab * noch 11x wdh (= 12 Zacken).

Faden abschneiden und durchziehen.

### Unterteil

In Weiß (Lenja Soft) einen Magic-Ring anfertigen.

1. Rd: 6 fM in den Ring häkeln (= 6 M).
2. Rd: Jede fM verdoppeln (= 12 M).
3. Rd: Jede 2. fM verdoppeln (= 18 M).
4. Rd: Jede 3. fM verdoppeln (= 24 M).
5.-12. Rd: Jeweils 24 fM häkeln.

Faden abschneiden und durchziehen.

### Flügel (2x)

In Weiß (Catania) 7 Lm anschl. Es wird die Ober- und die Unterseite der Lm-Kette behäkelt.

1. Rd: Ab der 2. Lm von der Nd aus 5 fM, 3 fM in 1 M häkeln. Weiter auf der Unterseite * 1 fM, 1 Lm, 1 Km in die fM, ab * noch 4x wdh.
2. Rd: 5 fM, 1 Km. Die restlichen M bleiben unbehäkelt.

Faden lang abschneiden und durchziehen. Den 2. Flügel ebenso häkeln.

### Schwänzchen

In Weiß (Lenja Soft) einen Magic-Ring anfertigen und weiter in R arb.

1. Rd: 3 Steige-Lm, 3 Stb in den Ring häkeln (= 3 M).
2. Rd: 3 Steige-Lm, 1 Stb, 2 Stb in 1 M, 1 Stb (= 4 M).

Faden lang abschneiden und durchziehen.

### Fuß (2x)

In Rauchgrau einen Magic-Ring anfertigen und weiter in R arb.

1. Rd: 3 Lm (= 1. hStb), 2 hStb (= 3 M).
2. Rd: 1 Lm, 3 fM (= 3 M).
3. Rd: 1 Lm, * 1 fM, 1 Lm, 1 Km in dieselbe fM, ab * noch 2x wdh.

Faden lang abschneiden und durchziehen. Den 2. Fuß ebenso häkeln.

### Schnabel

In Rauchgrau einen Magic-Ring anfertigen.

1. Rd: 2 Lm, 5 Stb in den Ring häkeln und zusammen abmaschen.

Faden lang abschneiden und durchziehen.

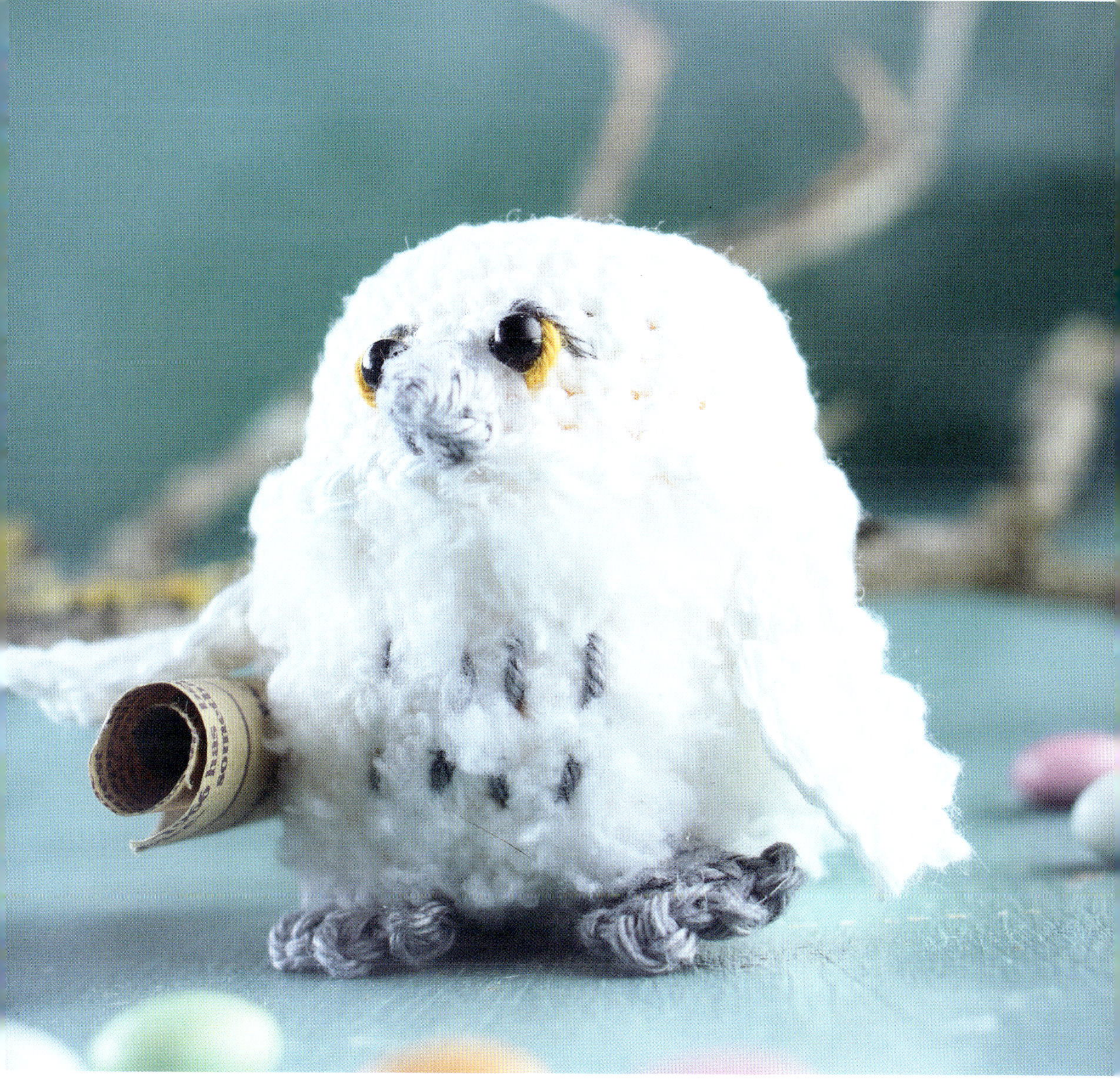

## Fertigstellen

Flügel, Schwänzchen und Füße zuerst am Unterteil feststecken und dann annähen. Den Schnabel am Oberteil feststecken und annähen. Die Perlen als Augen aufnähen und die Umrandung der Augen in Gold aufsticken. Augenbrauen und Federn auf dem Bauch in Rauchgrau aufsticken. Ober- und Unterteil so an der Kapsel ankleben, dass der Verbindungssteg der Kapsel auf der Rückseite liegt. Mit 4 Überwendlingsstichen Ober- und Unterteil über dem Steg zusammennähen. Alle Fäden vernähen.

# Der Zauberschüler

schon als Kind berühmt

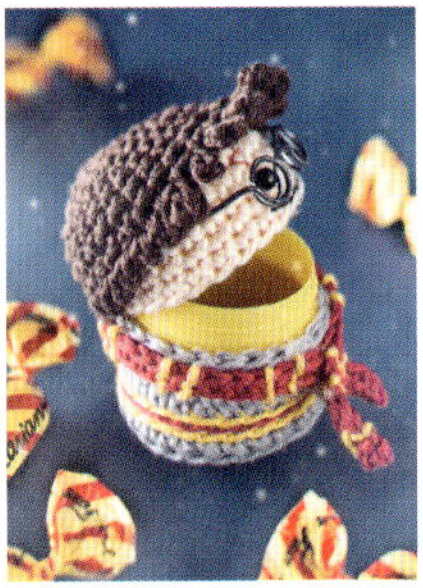

MATERIAL

- Schachenmayr Catania (LL 125 m/ 50 g) in Schwarz (Fb 110), Soft Apricot (Fb 263), Rauchgrau (Fb 435) und Kaffee (Fb 162), je 50 g, in Weinrot (Fb 192) und Sonne (Fb 208), Reste
- Häkelnadel 3,0 mm
- Stickgarn in Schwarz und Rot
- 2 Perlen in Schwarz, ø 4 mm
- Draht in Schwarz, 15 cm
- Heißkleber

## Anleitung

Alle Teile mit Ausnahme des Schals werden in geschlossenen Rd gearbeitet. Jede Rd mit 1 Steige-Lm beginnen und 1 Km schließen. Diese M werden nicht mitgezählt.

### Oberteil

In Soft Apricot einen Magic-Ring anfertigen.
**1. Rd:** 6 fM in den Ring häkeln (= 6 M).
**2. Rd:** Jede fM verdoppeln (= 12 M).
**3. Rd:** Jede 2. fM verdoppeln (= 18 M).
**4. Rd:** Jede 3. fM verdoppeln (= 24 M).
**5.-9. Rd:** Jeweils 24 fM häkeln.
Faden abschneiden und durchziehen.

### Unterteil

In Schwarz einen Magic-Ring anfertigen.
**1. Rd:** 6 fM in den Ring häkeln (= 6 M).
**2. Rd:** Jede fM verdoppeln (= 12 M).
**3. Rd:** Jede 2. fM verdoppeln (= 18 M).
**4. Rd:** Jede 3. fM verdoppeln (= 24 M).
**5. Rd:** 24 fM häkeln.
Faden abschneiden und durchziehen.
**6. Rd (Rauchgrau):** 24 Relief-fM von hinten häkeln.
**7. Rd:** In die hinteren M-Glieder 24 fM häkeln.
Faden stilllegen.
**8. Rd (Sonne):** 24 Km häkeln.
Faden stilllegen.
**9. Rd (Weinrot):** In die hinteren M-Glieder 24 Km häkeln.
Faden abschneiden und durchziehen.
**10. Rd (Sonne):** In die hinteren M-Glieder 24 Km häkeln.
Faden abschneiden und durchziehen.
**11. Rd (Rauchgrau):** In die hinteren M-Glieder 24 Km häkeln.
**12.-15. Rd:** Jeweils 24 fM häkeln.
Faden abschneiden und durchziehen.

### Haare

In Kaffee einen Magic-Ring anfertigen.
**1. Rd:** 6 fM in den Ring häkeln (= 6 M).
**2. Rd:** Jede fM verdoppeln (= 12 M).
**3. Rd:** Jede 2. fM verdoppeln (= 18 M).
**4. Rd:** Jede 3. fM verdoppeln (= 24 M).
**5.+6. Rd:** 24 fM häkeln.
**7. Rd:** Nun 24 Strähnen wie folgt häkeln:
**1.-10. Strähne:** * 1 fM, 1 Lm, 1 Km in die fM, ab * noch 9x wdh.
**11. Strähne:** 1 fM, 2 Lm, 1 Km in die 2. Lm von der Nd aus häkeln, 1 Km in die fM.
**12.+13. Strähne:** * 1 fM, 3 Lm, 2 Km ab der 2. Lm von der Nd aus häkeln, 1 Km in die fM, ab * noch 1x wdh.
**14. Strähne:** 1 fM, 4 Lm, 3 Km ab der 2. Lm von der Nd aus häkeln, 1 Km in die fM.
**15.-17. Strähne:** * 1 fM, 5 Lm, 4 Km ab der 2. Lm von der Nd aus häkeln, 1 Km in die fM, ab * noch 2x wdh.
**18. Strähne: 1** fM, 4 Lm, 3 Km ab der 2. Lm von der Nd aus häkeln, 1 Km in die fM.
**19.+20. Strähne:** * 1 fM, 3 Lm, 2 Km ab der 2. M von der Nd aus häkeln, 1 Km in die fM, ab * noch 1x wdh.
**21.-24. Strähne:** * 1 fM, 1 Lm, 1 Km in die fM, ab * noch 3x wdh.
Faden lang abschneiden und durchziehen.

### Schal

In Weinrot 41 Lm anschl
**1. R:** Ab der 2. Lm von der Nd aus 40 fM häkeln.
Faden abschneiden und durchziehen.

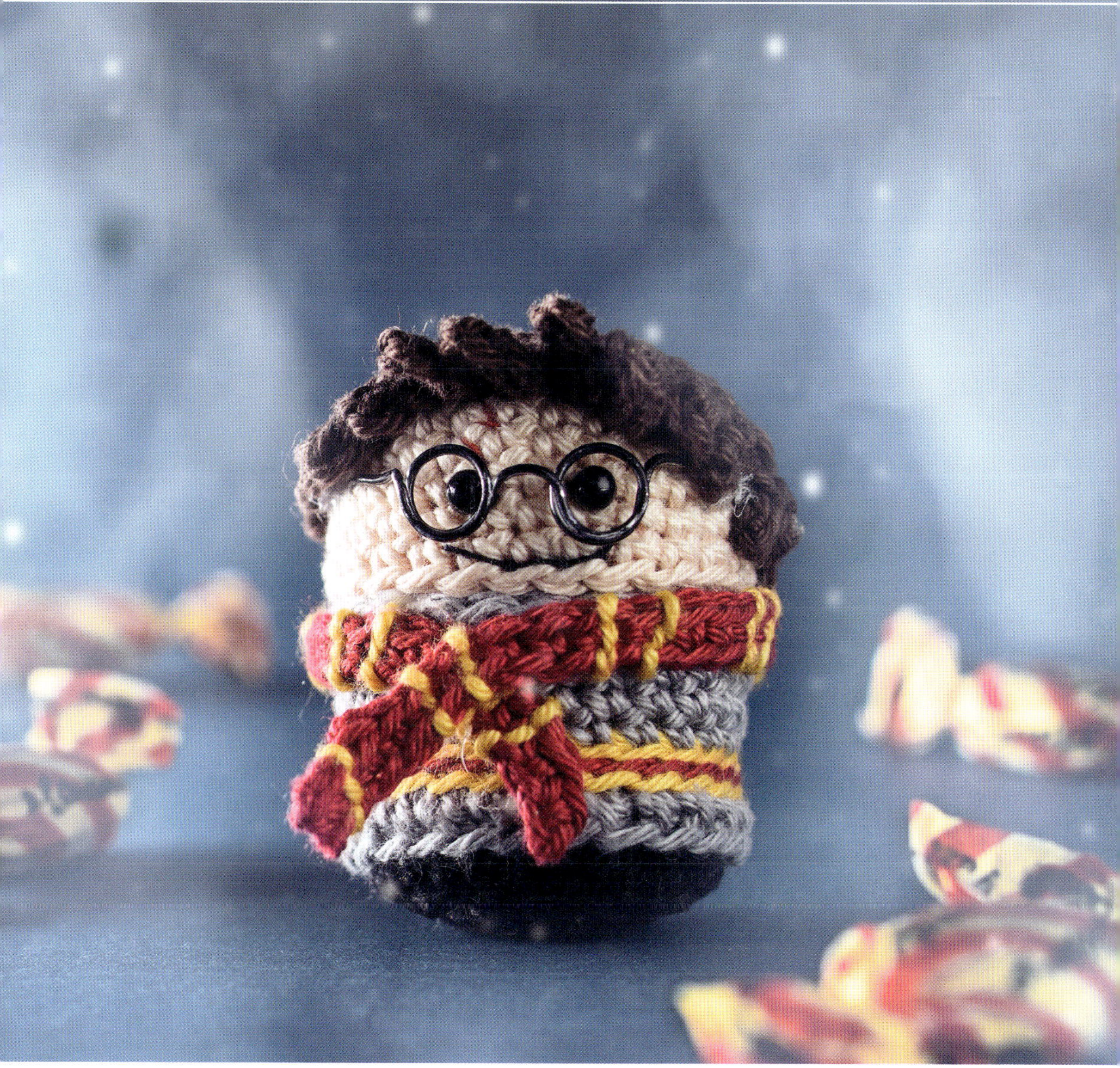

## Fertigstellen

Die Haare zuerst feststecken und dann annähen. Die Perlen als Augen aufnähen und den Mund in Schwarz aufsticken. Aus dem Draht die Brille biegen. Die Narbe in Rot aufsticken. In Sonne die Streifen auf den Schal sticken. Den Schal um das Unterteil schlingen und mit 2 Stichen an der Vorderseite fixieren. Ober- und Unterteil so an der Kapsel ankleben, dass der Verbindungssteg der Kapsel auf der Rückseite liegt. Mit 4 Überwendlingsstichen Ober- und Unterteil über dem Steg zusammennähen. Alle Fäden vernähen.

# Die beste Freundin

## klug und ehrgeizig

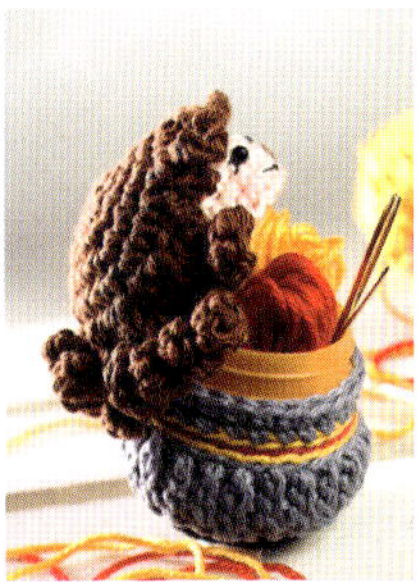

MATERIAL

- Schachenmayr Catania (LL 125 m/ 50 g) in Soft Apricot (Fb 263), Marone (Fb 157) und Stein (Fb 242), je 50 g, in Schwarz (Fb 110), Weinrot (Fb 192) und Sonne (Fb 208), Reste
- Häkelnadel 3,0 mm
- Stickgarn in Schwarz
- 2 Perlen in Schwarz, ø 3 mm
- Rouge
- Heißkleber

## Anleitung

Alle Teile mit Ausnahme des Faltenrocks werden in geschlossenen Rd gearbeitet. Jede Rd mit 1 Steige-Lm beginnen und 1 Km beenden. Diese M werden nicht mitgezählt.

### Oberteil

In Soft Apricot einen Magic-Ring anfertigen.
**1. Rd:** 6 fM in den Ring häkeln (= 6 M).
**2. Rd:** Jede fM verdoppeln (= 12 M).
**3. Rd:** Jede 2. fM verdoppeln (= 18 M).
**4. Rd:** Jede 3. fM verdoppeln (= 24 M).
**5.-9. Rd:** Jeweils 24 fM häkeln.
Faden abschneiden und durchziehen.

### Faltenrock

In Stein 4 Lm anschl und weiter in R häkeln. Am Ende jeder R mit 1 Lm wenden.
**1. R:** Ab der 2. Lm von der Nd aus 3 fM häkeln (= 3 M).
**2.-48. R:** Jeweils in die hinteren M-Glieder 3 Km arb.
Faden lang abschneiden und durchziehen.

### Unterteil

In Schwarz einen Magic-Ring anfertigen.
**1. Rd:** 6 fM in den Ring häkeln (= 6 M).
**2. Rd:** Jede fM verdoppeln (= 12 M).
**3. Rd:** Jede 2. fM verdoppeln (= 18 M).
**4. Rd:** Jede 3. fM verdoppeln (= 24 M).
Faden abschneiden und durchziehen.
**5. Rd (Soft Apricot):** In die hinteren M-Glieder 24 fM häkeln.
**6.+8. Rd:** Jeweils 24 fM häkeln.
Faden abschneiden und durchziehen.
**9. Rd (Stein):** 24 fM häkeln.
Nun den Faltenrock mit einhäkeln.
**10. Rd:** Dafür den Faltenrock so vor das Unterteil legen, dass die Rdm oben liegen. Jeweils in 1 hinten liegende Rdm des Rocks und in 1 fM der 9. Rd einstechen und 1 fM häkeln. Auf diese Weise 24 fM häklen.
Faden stilllegen.
**11. Rd (Sonne):** In die hinteren M-Glieder 24 Km häkeln.
Faden stilllegen.
**12. Rd (Weinrot):** In die hinteren M-Glieder 24 Km häkeln.
Faden abschneiden und durchziehen.
**13. Rd (Sonne):** In die hinteren M-Glieder 24 Km häkeln.
Faden abschneiden und durchziehen.
**14. Rd (Stein):** In die hinteren M-Glieder 24 Km häkeln.
**15. Rd:** 24 fM häkeln.
Faden abschneiden und durchziehen.

### Haare

In Marone einen Magic-Ring anfertigen.
**1. Rd:** 6 fM in den Ring häkeln (= 6 M).
**2. Rd:** Jede fM verdoppeln (= 12 M).
**3. Rd:** Jede 2. fM verdoppeln (= 18 M).
**4. Rd:** Jede 3. fM verdoppeln (= 24 M).
**5. Rd:** Nun 16 lange Strähnen und 8 kurze Strähnen arb.
**1.-16. Strähne:** * 1 fM, 8 Lm, ab der 2. Lm von der Nd aus 3 fM verdoppeln, 4 fM, ab * noch 15x wdh.
**17.-24. Strähne:** * 1 fM, 3 Lm, ab der 2. Lm von der Nd aus 2 Km, ab * noch 7x wdh.
Faden lang abschneiden und durchziehen.

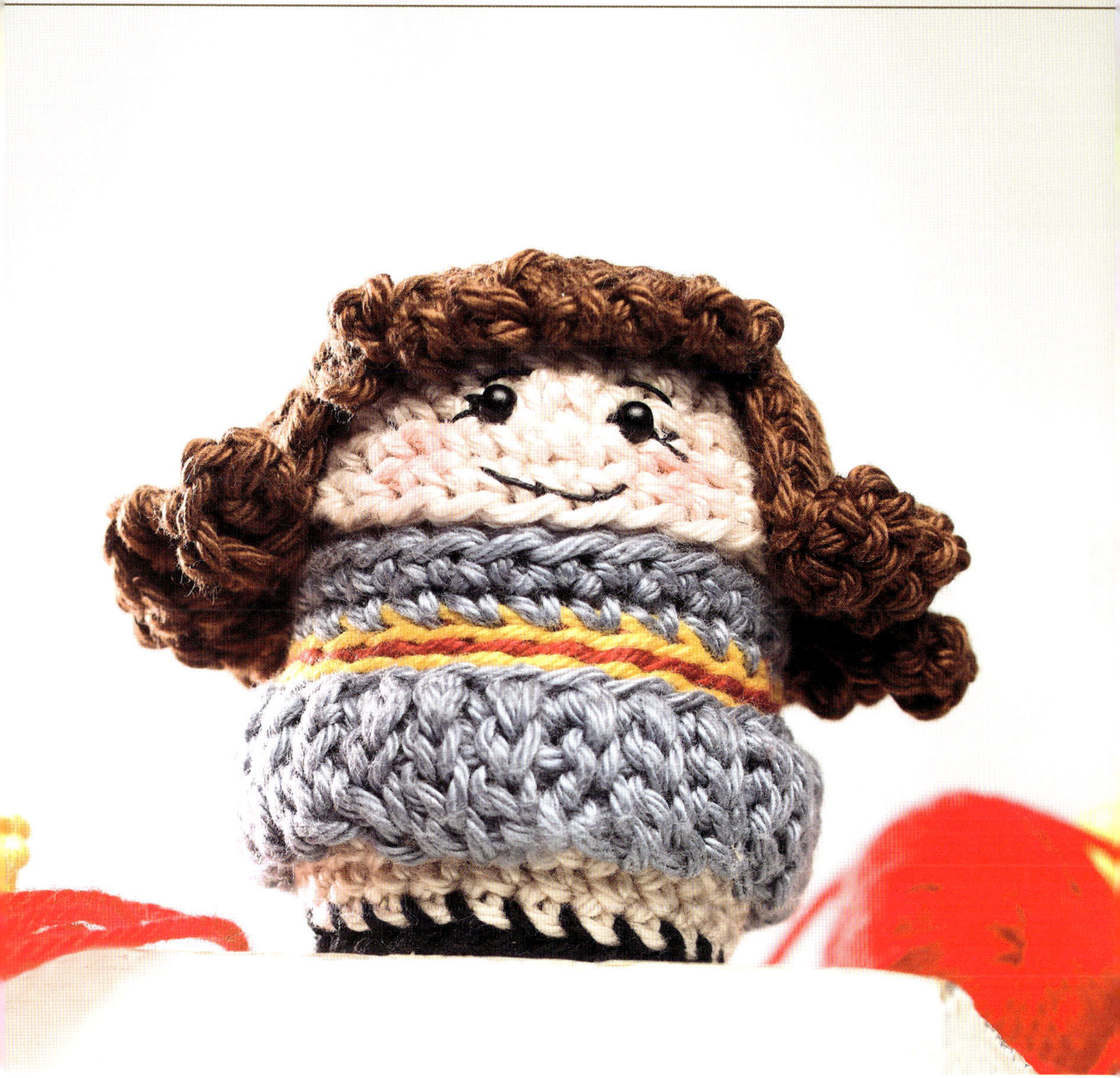

## Fertigstellen

Die Haare zuerst feststecken und dann annähen. Die Perlen als Augen aufnähen und Mund, Wimpern und Augenbrauen in Schwarz aufsticken. Mit Rouge die Wangen betonen.

Ober- und Unterteil so an der Kapsel ankleben, dass der Verbindungssteg der Kapsel auf der Rückseite liegt. Mit 4 Überwendlingsstichen Ober- und Unterteil über dem Steg zusammennähen. Alle Fäden vernähen.

# Der Drache

## gefährlich und stark

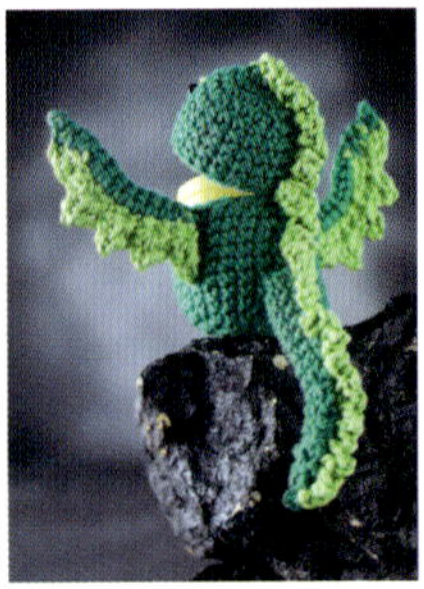

MATERIAL

- Schachenmayr Catania (LL 125 m/ 50 g) in Smaragd (Fb 430) und Greenery (Fb 418), je 50 g
- Stickgarn in Schwarz
- 2 Perlen in Schwarz, ø 3 mm
- Häkelnadel 3,0 mm
- Heißkleber

## Anleitung

Alle Teile mit Ausnahme der Flügel, des Schwanzes und der Stacheln werden in geschlossenen Rd gearbeitet. Jede Rd mit 1 Steige-Lm beginnen und 1 Km schließen. Diese M werden nicht mitgezählt.

### Oberteil

In Smaragd einen Magic-Ring anfertigen.
1. Rd: 6 fM in den Ring häkeln (= 6 M).
2. Rd: Jede fM verdoppeln (= 12 M).
3. Rd: Jede 2. fM verdoppeln (= 18 M).
4. Rd: Jede 3. fM verdoppeln (= 24 M).
5.-9. Rd: Jeweils 24 fM häkeln.
Faden abschneiden und durchziehen.

### Unterteil

In Smaragd einen Magic-Ring anfertigen.
1. Rd: 6 fM in den Ring häkeln (= 6 M).
2. Rd: Jede fM verdoppeln (= 12 M).
3. Rd: Jede 2. fM verdoppeln (= 18 M).
4. Rd: Jede 3. fM verdoppeln (= 24 M).
5.-12. Rd: Jeweils 24 fM häkeln.
Faden abschneiden und durchziehen.

### Flügelzacken (2x)

In Greenery 11 Lm anschl.
1. R: Ab der 2. Lm von der Nd aus * (1 fM, 1 hStb, 1 Lm, 1 Km in das hStb, 1 fM) in 1 M, 1 Km, ab * noch 4x wdh (= 5 Zacken). Faden abschneiden und durchziehen
Die 2. Flügelzacken ebenso häkeln.

### 1. Flügel

In der Lm der letzten Spitze der 1. Flügelzacken in Smaragd anschlingen und die freie Seite der Lm-Kette wie folgt behakeln:
(1 Km, 1 Lm, 1 fM) in 1 M, 2 fM auf die Rdm der letzten Spitze, 9 fM auf die Lm-Kette.
Faden lang abschneiden und durchziehen.

### 2. Flügel

In der 1. Lm der Lm-Kette der 2. Flügelzacken in Smaragd anschlingen und die freie Seite der Lm-Kette wie folgt behäkeln:
9 fM, 2 fM auf die Rdm der letzten Spitze, (1 fM, 1 Lm, 1 Km) in die Lm der letzten Spitze, 1 Km. Faden lang abschneiden und durchziehen.

### Schwanz

In Greenery 10 Lm anschl und mit 1 Km zur Rd schließen. Weiter in Spiral-Rd häkeln.
1.+2. Rd: 10 fM häkeln (= 10 M).
3. Rd: 8 fM, 2 fM zusammen abmaschen (= 9 M).
4. Rd: 9 fM häkeln.
5. Rd: 7 fM, 2 fM zusammen abmaschen (= 8 M).
6. Rd: 8 fM häkeln.
7. Rd: 6 fM, 2 fM zusammen abmaschen (= 7 M).
8. Rd: 7 fM häkeln.
9. Rd: 5 fM, 2 fM zusammen abmaschen (= 6 M).
10. Rd: 6 fM häkeln.
11. Rd: 4 fM, 2 fM zusammen abmaschen (= 5 M).
12. Rd: 5 fM häkeln.
13. Rd: 3 fM, 2 fM zusammen abmaschen (= 4 M).
14. Rd: 4 fM häkeln.
Faden abschneiden und durchziehen.

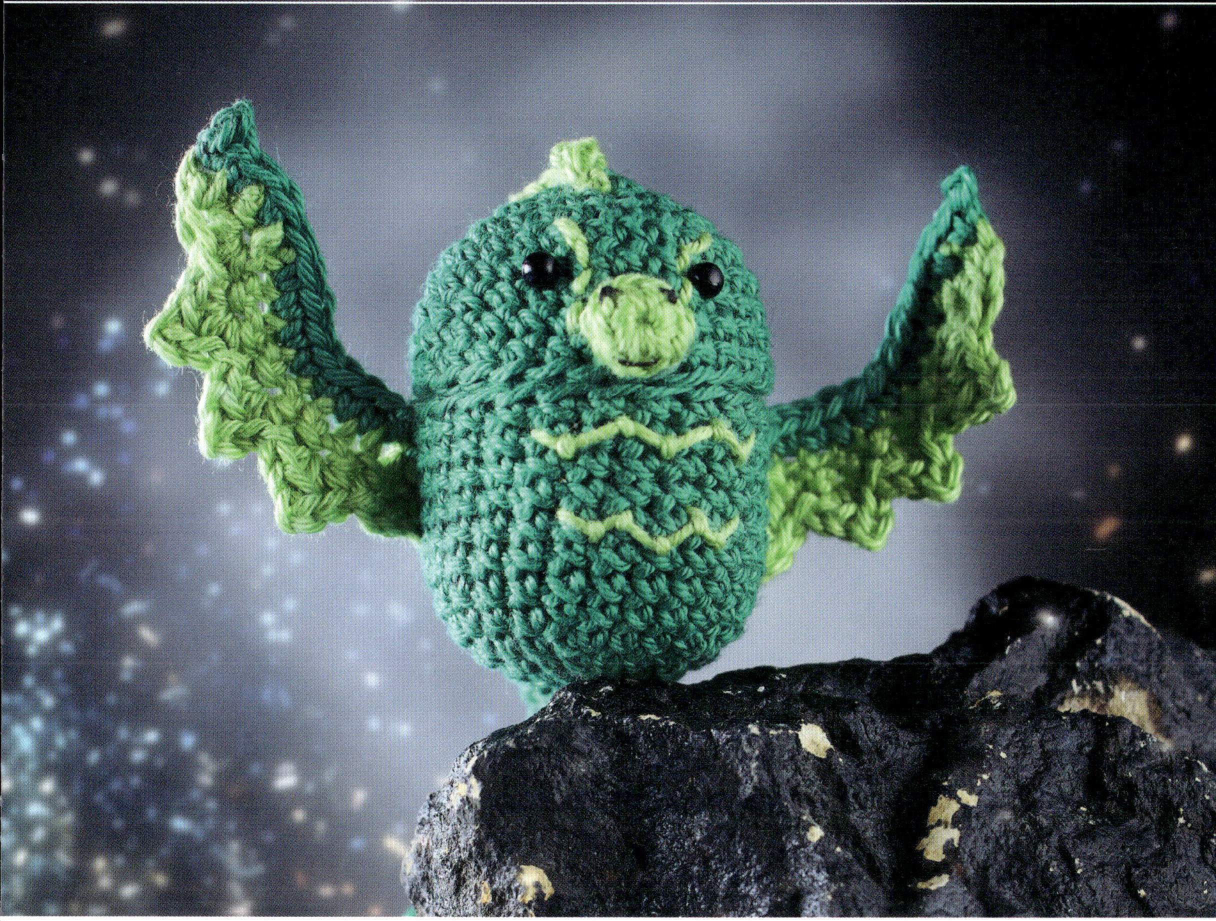

## Nase

In Greenery einen Magic-Ring anfertigen.
**1. Rd:** 2 fM, 1 hStb, 3 fM, 1 hStb, 1 fM in den Ring häkeln und mit 1 Km zur Rd schließen.
Faden abschneiden und durchziehen.

## Fertigstellen

Die Flügel zuerst feststecken und dann auf das Unterteil nähen. Die Nase auf dem Oberteil feststecken und annähen. Die Perlen als Augen aufnähen und Nasenlöcher und Mund in Schwarz aufsticken. Die Schuppen auf dem Bauch und die Umrandung der Augen in Greenery aufsticken. Mit 4 Überwendlingsstichen Ober- und Unterteil über dem Steg zusammennähen.

Nun die Stacheln auf dem Rücken und dem Schwanz anhäkeln: In Greenery in der 1. Rd des Oberteils anschlingen und 30 Stacheln (1 Stachel = 1 fM, 1 Lm) über den Rücken und den Schwanz bis zur Schwanzspitze häkeln. Faden abschneiden und durchziehen.

Ober- und Unterteil so an der Kapsel ankleben, dass der Verbindungssteg der Kapsel auf der Rückseite liegt. Alle Fäden vernähen.

# Der Kessel

## für den Zaubertrank

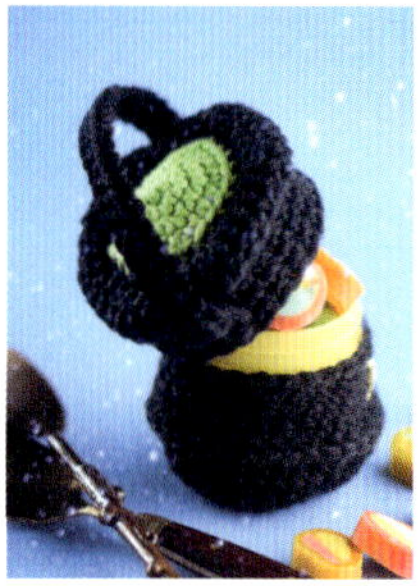

MATERIAL

- Schachenmayr Catania (LL 125 m/ 50 g) in Schwarz (Fb 110) und Greenery (Fb 418), je 50 g
- Häkelnadel 3,0 mm
- Wooly Hugs Beilaufgarn (LL 1000 m/ 25 g) in Gold (Fb 300), Rest
- Heißkleber

### Anleitung

Alle Teile mit Ausnahme des Henkels werden in geschlossenen Rd gearbeitet. Jede Rd mit 1 Steige-Lm beginnen und 1 Km schließen. Diese M werden nicht mitgezählt.

### Oberteil

In Greenery einen Magic-Ring anfertigen.
1. Rd: 6 fM in den Ring häkeln (= 6 M).
2. Rd: Jede fM verdoppeln (= 12 M).
3. Rd: Jede 2. fM verdoppeln (= 18 M).
4. Rd: Jede 3. fM verdoppeln (= 24 M).
Faden abschneiden und durchziehen.
5. Rd (Schwarz): In die hinteren M-Glieder 24 fM häkeln.
6. Rd: In die vorderen M-Glieder der 5. Rd häkeln und jede 4. fM verdoppeln (= 30 M).
7. Rd: Jede 5. fM verdoppeln (= 36 M).
8. Rd: 36 fM häklen.
9. Rd: Jede 5. und 6 fM zusammen abmaschen (= 30 M).
10. Rd: Jede 4. und 5 fM zusammen abmaschen (= 24 M).
11. Rd: Für den wulstigen Rand nun in die M der 10. Rd und in die hinteren M-Glieder der 6. Rd einstechen und 24 fM häkeln.
12.-14. Rd: Jeweils 24 fM häkeln.
Faden abschneiden und durchziehen.

### Unterteil

In Schwarz einen Magic-Ring anfertigen.
1. Rd: 6 fM in den Ring häkeln (= 6 M).
2. Rd: Jede fM verdoppeln (= 12 M).
3. Rd: Jede 2. fM verdoppeln (= 18 M).
4. Rd: In die hinteren M-Glieder häkeln und jede 3. fM verdoppeln (= 24 M).
5. Rd: 24 fM häkeln.
6. Rd: Jede 4. fM verdoppeln (= 30 M).
7. Rd: 30 fM häkeln.
8. Rd: Jede 10. fM verdoppeln (= 33 M).
9. Rd: 33 Relief-fM von hinten häkeln.
10. Rd: Jede 10. und 11 fM zusammen abmaschen (= 30 M).
11. Rd: 30 fM häkeln.
12. Rd: Jede 9. und 10 fM zusammen abmaschen (= 27 M).
13. Rd: 27 fM häkeln.
14. Rd: Jede 8. und 9 fM zusammen abmaschen (= 24 M).
15. Rd: 24 fM häkeln.
Faden abschneiden und durchziehen.

### Henkel

In Schwarz 31 Lm anschl und ab der 2. Lm von der Nd aus 30 fM häkeln. Faden abschneiden und durchziehen.

### Fertigstellen

Auf das Unterteil mit doppeltem Beilaufgarn in Gold das „H" aufsticken. Das Unterteil am Boden der Kapsel festkleben. Dann das Unterteil so zusammenschieben, dass die Oberkante an der Oberkante der unteren Kapsel liegt. Ebenfalls festkleben. Durch das Zusammenschieben entsteht die Wölbung in der 4. Rd. Den Henkel am Oberteil annähen. Ober- und Unterteil so an der Kapsel ankleben, dass der Verbindungssteg der Kapsel auf der Rückseite liegt. Mit 4 Überwendlingsstichen Ober- und Unterteil über dem Steg zusammennähen. Alle Fäden vernähen.

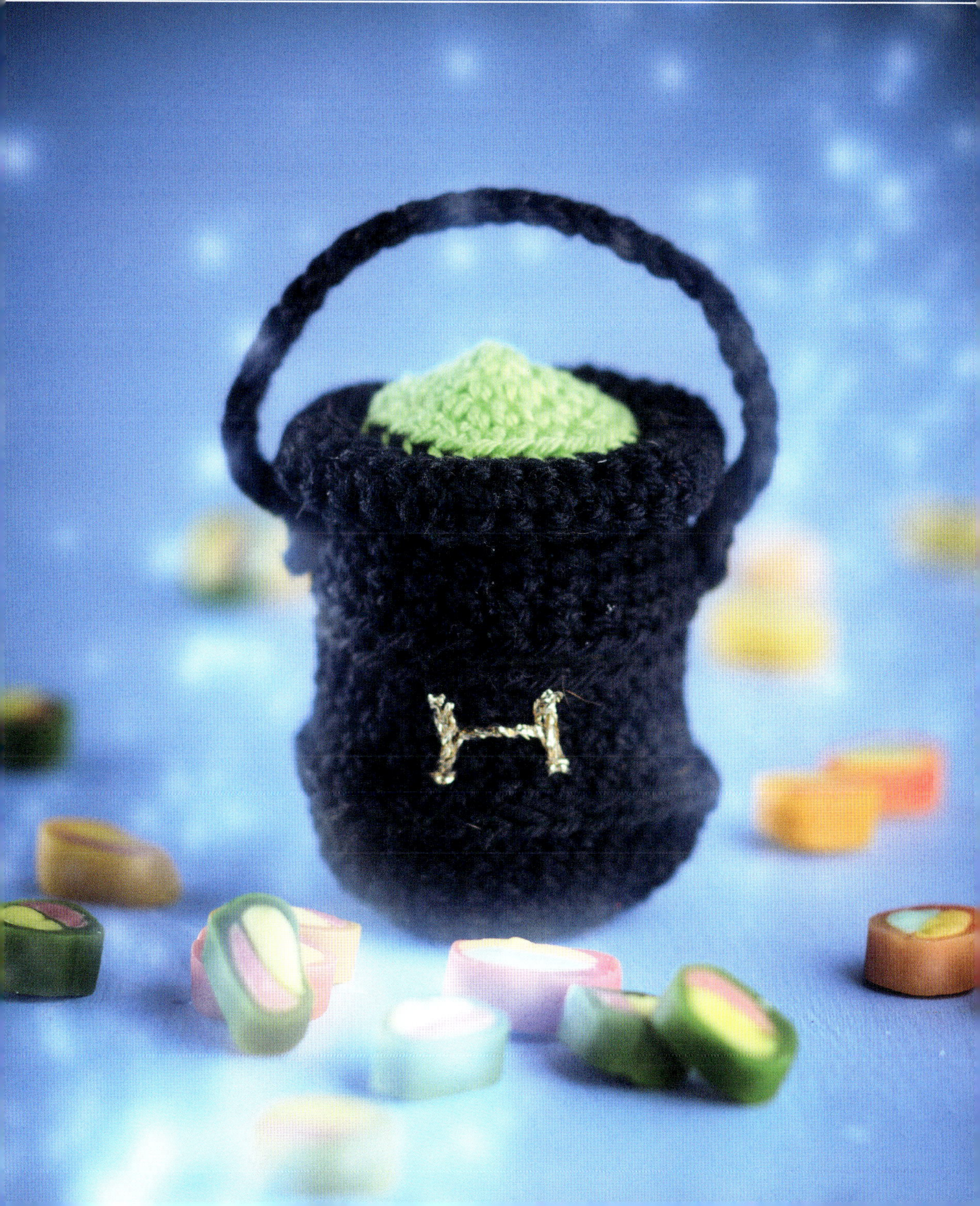

# Die verträumte Hexe

lieb, aber etwas verrückt

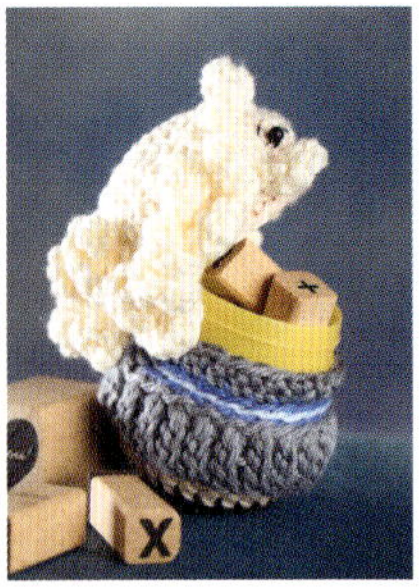

MATERIAL

- Schachenmayr Catania (LL 125 m/ 50 g) in Soft Apricot (Fb 263), Creme (Fb 130) und Stein (Fb 242), je 50 g, in Schwarz (Fb 110), Hellblau (Fb 173), Royal (Fb 201) und Rosa (Fb 246), Reste
- Häkelnadel 3,0 mm
- Stickgarn in Schwarz
- 2 Perlen in Schwarz, ø 3 mm
- Rouge
- Heißkleber

## Anleitung

Alle Teile mit Ausnahme des Faltenrocks werden in geschlossenen Rd gearbeitet. Jede Rd mit 1 Steige-Lm beginnen und 1 Km beenden. Diese M werden nicht mitgezählt.

### Oberteil

In Soft Apricot einen Magic-Ring anfertigen.
1. Rd: 6 fM in den Ring häkeln (= 6 M).
2. Rd: Jede fM verdoppeln (= 12 M).
3. Rd: Jede 2. fM verdoppeln (= 18 M).
4. Rd: Jede 3. fM verdoppeln (= 24 M).
5.- 9. Rd: Jeweils 24 fM häkeln.
Faden abschneiden und durchziehen.

### Faltenrock

In Stein 4 Lm anschl und weiter in R häkeln. Am Ende jeder R mit 1 Lm wenden.
1. Rd: Ab der 2. Lm von der Nd aus 3 fM häkeln (= 3 M).
2.-48. Rd: Jeweils in die hinteren M-Glieder 3 Km arb.
Faden lang abschneiden und durchziehen.

### Unterteil

In Schwarz einen Magic-Ring anfertigen.
1. Rd: 6 fM in den Ring häkeln (= 6 M).
2. Rd: Jede fM verdoppeln (= 12 M).
3. Rd: Jede 2. fM verdoppeln (= 18 M).
4. Rd: Jede 3. fM verdoppeln (= 24 M).
Faden abschneiden und durchziehen.
5. Rd (Soft Apricot): In die hinteren M-Glieder 24 fM häkeln.
6.-8. Rd: Jeweils 24 fM häkeln.
Faden abschneiden und durchziehen.
9. Rd (Stein): 24 fM häkeln.
Nun den Faltenrock mit einhäkeln.
10. Rd: Dafür den Faltenrock so vor das Unterteil legen, dass die Rdm oben liegen. Jeweils in 1 hinten liegende Rdm des Rocks und in 1 fM der 9. Rd einstechen und 1 fM häkeln. Auf diese Weise 24 fM häklen (= 24 M). Faden stilllegen.
11. Rd (Royal): In die hinteren M-Glieder 24 Km häkeln.
Faden stilllegen.
12. Rd (Hellblau): In die hinteren M-Glieder 24 Km häkeln.
Faden abschneiden und durchziehen.
13. Rd (Royal): In die hinteren M-Glieder 24 Km häkeln.
Faden abschneiden und durchziehen.
14. Rd (Stein): In die hinteren M-Glieder 24 Km häkeln.
15. Rd: 24 fM häkeln.
Faden abschneiden und durchziehen.

### Haare

In Creme einen Magic-Ring anfertigen.
1. Rd: 6 fM in den Ring häkeln (= 6 M).
2. Rd: Jede fM verdoppeln (= 12 M).
3. Rd: Jede 2. fM verdoppeln (= 18 M).
4. Rd: Jede 3. fM verdoppeln (= 24 M).
5. Rd: Jede 6. fM verdoppeln (= 27 M).
6. Rd: Nun 25 Strähnen wie folgt häkeln:
1.-25. Strähne: * 1 Km, 10 Lm, ab der 2. Lm von der Nd aus 3 fM verdoppeln, 6 fM häkeln, ab * noch 24x wdh. 2 Km (= Mittelscheitel).
Faden lang abschneiden und durchziehen.

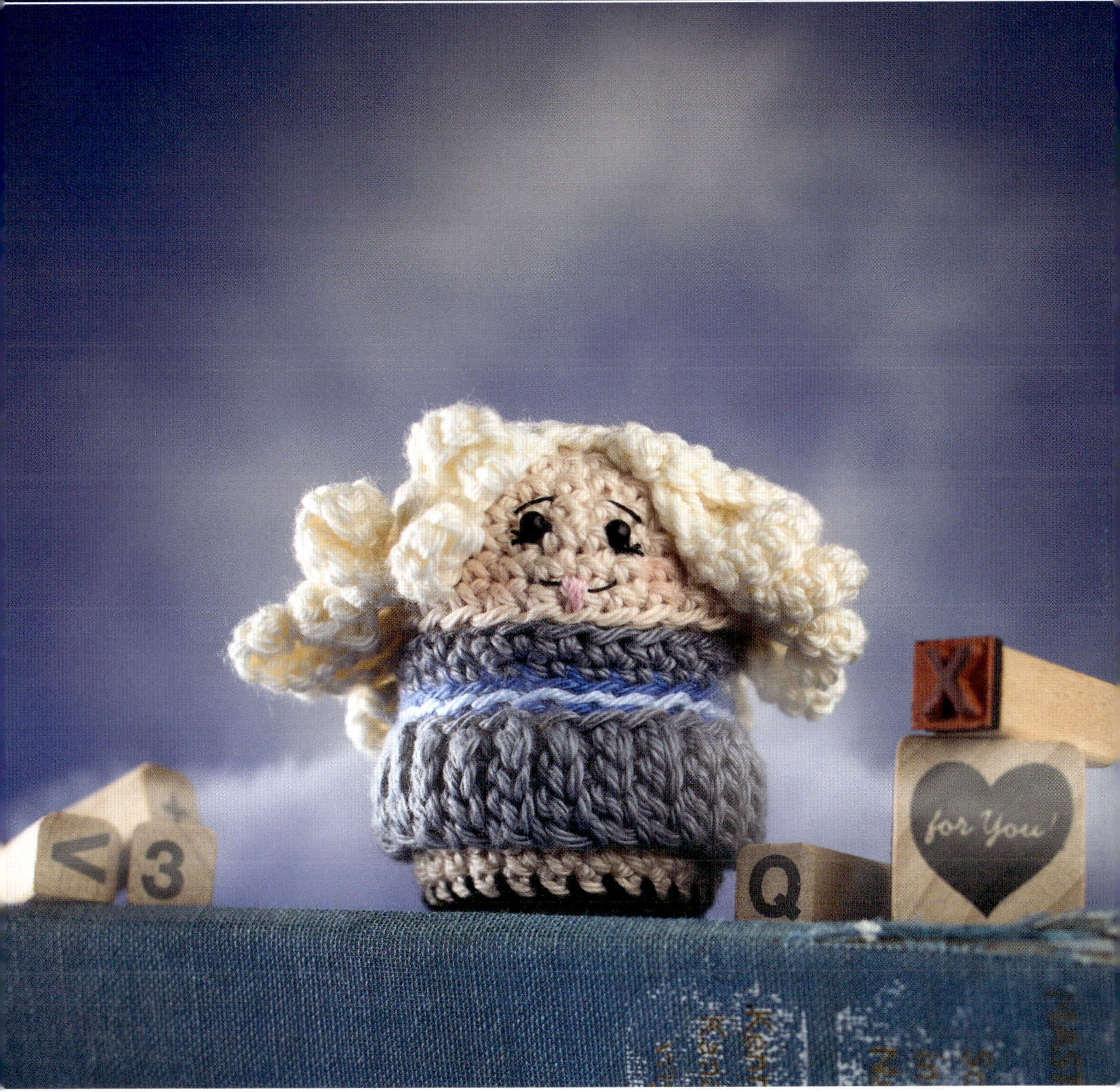


## Fertigstellen

Die Haare zuerst feststecken und dann annähen. Die Perlen als Augen aufnähen und Mund, Wimpern und Augenbrauen in Schwarz aufsticken. Die Lippen in Rosa aufsticken. Mit Rouge die Wangen betonen. Ober- und Unterteil so an der Kapsel ankleben, dass der Verbindungssteg der Kapsel auf der Rückseite liegt. Mit 4 Überwendlingsstichen Ober- und Unterteil über dem Steg zusammennähen. Alle Fäden vernähen.

# Der berühmte Auror

## mit dem magischen Auge

MATERIAL

- Schachenmayr Catania (LL 125 m/ 50 g) in Honig (Fb 206), Soft Apricot (Fb 263), Taupe (Fb 254) und Schwarz (Fb 110), je 50 g
- Häkelnadel 3,0 mm
- Stickgarn in Schwarz und Weiß
- 1 Perle in Schwarz, ø 3 mm
- 1 Rocaille-Perle in Blau, ø 2 mm
- Heißkleber

### Anleitung

Alle Teile werden in geschlossenen Rd gearbeitet. Jede Rd mit 1 Steige-Lm beginnen und 1 Km schließen. Diese M werden nicht mitgezählt.

#### Oberteil

In Soft Apricot einen Magic-Ring anfertigen.
1. Rd: 6 fM in den Ring häkeln (= 6 M).
2. Rd: Jede fM verdoppeln (= 12 M).
3. Rd: Jede 2. fM verdoppeln (= 18 M).
4. Rd: Jede 3. fM verdoppeln (= 24 M).
5.-9. Rd: Jeweils 24 fM häkeln.
Faden abschneiden und durchziehen.

#### Unterteil

In Schwarz einen Magic-Ring anfertigen.
1. Rd: 6 fM in den Ring häkeln (= 6 M).
2. Rd: Jede fM verdoppeln (= 12 M).
3. Rd: Jede 2. fM verdoppeln (= 18 M).
4. Rd: Jede 3. fM verdoppeln (= 24 M).
5. Rd: 24 fM häkeln.
Faden abschneiden und durchziehen.
Nun den Mantel häkeln:
6.-12. Rd (Taupe): Jeweils 24 fM häkeln.
Faden stilllegen.
In Schwarz in der 12. M der 5. Rd anschlingen und insgesamt 8 Km um die 12. M der 5.-12. Rd häkeln. Faden abschneiden und durchziehen. Dann in der 13. M der 5. Rd in Schwarz anschlingen und ebenfalls 8 Km um die 13. M der 5.-12. Rd häkeln. Faden abschneiden und durchziehen.
Den stillgelegten Faden der 12. Rd in Taupe wieder aufnehmen. Das Unterteil so drehen, dass die 1. Rd oben ist. In die vorderen M-Glieder der 12. Rd 11 fM häkeln (= Kragen). Dann an der 1. Kante in Schwarz 8 fM (um dieselben M, in die die schwarzen Km gehäkelt wurden) nach unten häkeln (= Mantelvorderkante), 22 fM um die M der 5. Rd (= Unterkante), 8 fM (um dieselben M, in die die schwarzen Km gehäkelt wurden) nach oben häkeln, 11 fM in die vorderen M-Glieder der 12. Rd häklen (= Kragen), 1 Km.

#### Haare

In Honig einen Magic-Ring anfertigen.
1. Rd: 6 fM in den Ring häkeln (= 6 M).
2. Rd: Jede fM verdoppeln (= 12 M).
3. Rd: Jede 2. fM verdoppeln (= 18 M).
4. Rd: Jede 3. fM verdoppeln (= 24 M).
Nun 19 Strähnen wie folgt häkeln:
5. Rd: * 7 Lm, 6 Km auf die Lm-Kette, 1 Km, ab * noch 18x wdh. 5 Km.
Faden lang abschneiden und durchziehen.

#### Fertigstellen

Die Haare zuerst feststecken und dann annähen. Die schwarze Perle als 1. Auge aufnähen. Für das 2. Auge in Weiß 2 M als Pupille mehrmals umstechen. In Taupe die Pupille umranden und das Band der Augenklappe aufsticken. Die blaue Perle auf die Pupille nähen. Mund und Augenbraue in Schwarz aufsticken. Ober- und Unterteil so an der Kapsel ankleben, dass der Verbindungssteg der Kapsel auf der Rückseite liegt. Mit 4 Überwendlingsstichen Ober- und Unterteil über dem Steg zusammennähen. Alle Fäden vernähen.

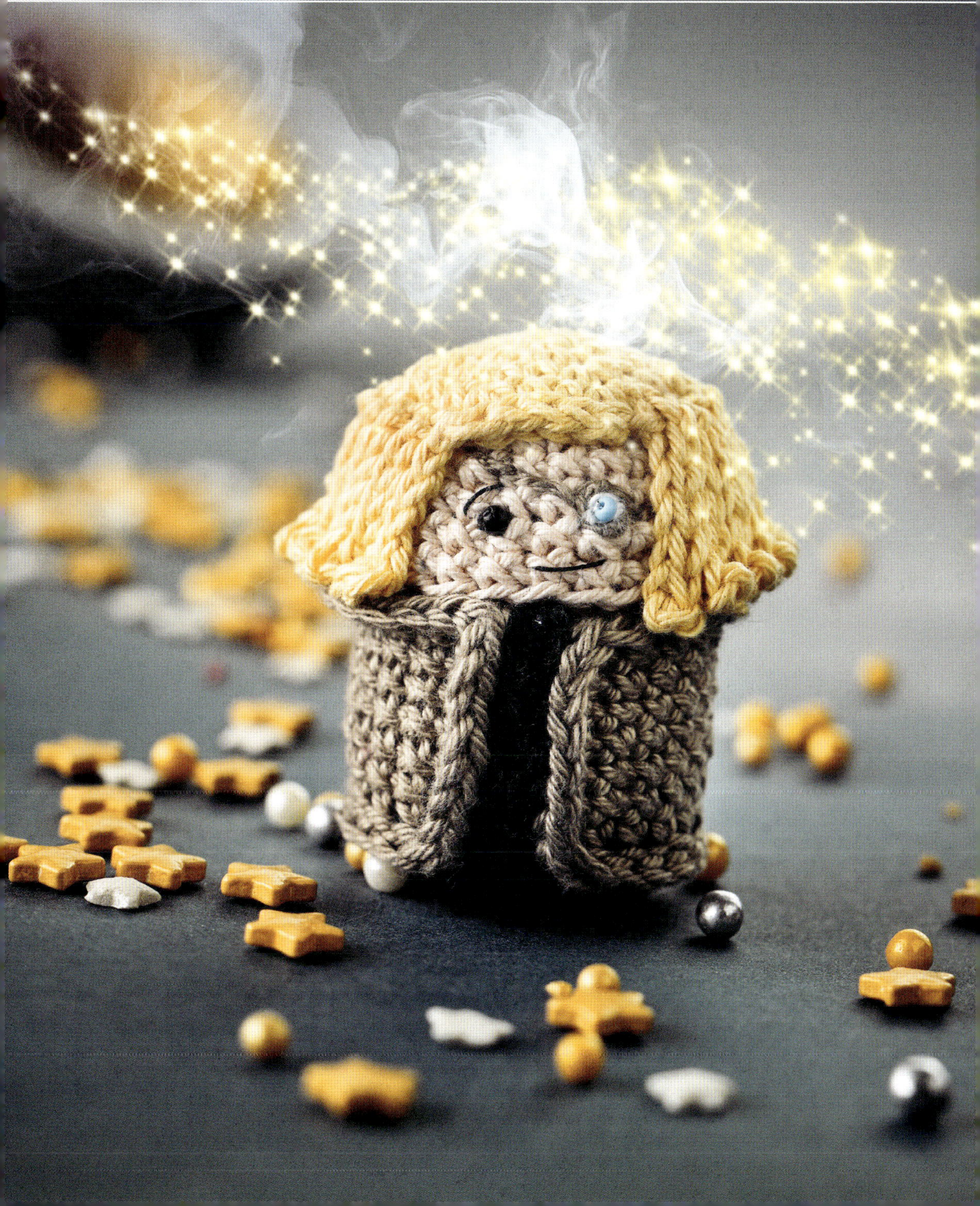

# Der Rivale

## heimtückisch und gemein

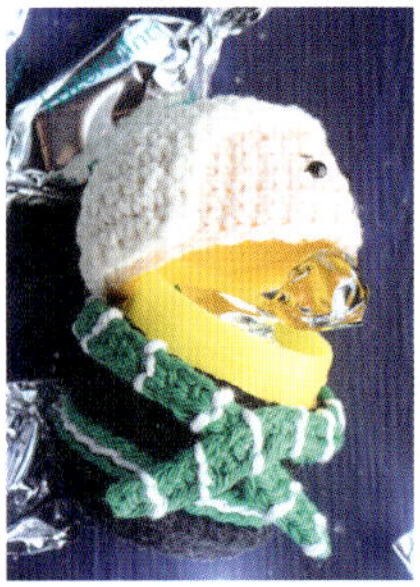

MATERIAL

- Schachenmayr Catania (LL 125 m/ 50 g) in Schwarz (Fb 110), Soft Apricot (Fb 263) und Creme (Fb 130), je 50 g, in Smaragd (Fb 430) und Nebel (Fb 434), Reste
- Häkelnadel 3,0 mm
- Stickgarn in Schwarz
- 2 Perlen in Schwarz, ø 3 mm
- Heißkleber

## Anleitung

Alle Teile mit Ausnahme des Schals werden in geschlossenen Rd gearbeitet. Jede Rd mit 1 Steige-Lm beginnen und 1 Km schließen. Diese M werden nicht mitgezählt.

### Oberteil

In Soft Apricot einen Magic-Ring anfertigen.
**1. Rd:** 6 fM in den Ring häkeln (= 6 M).
**2. Rd:** Jede fM verdoppeln (= 12 M).
**3. Rd:** Jede 2. fM verdoppeln (= 18 M).
**4. Rd:** Jede 3. fM verdoppeln (= 24 M).
**5.-9. Rd:** Jeweils 24 fM häkeln.
Faden abschneiden und durchziehen.

### Unterteil

In Schwarz einen Magic-Ring anfertigen.
**1. Rd:** 6 fM in den Ring häkeln (= 6 M).
**2. Rd:** Jede fM verdoppeln (= 12 M).
**3. Rd:** Jede 2. fM verdoppeln (= 18 M).
**4. Rd:** Jede 3. fM verdoppeln (= 24 M).
**5. Rd:** 24 fM häkeln.
**6. Rd:** 24 Relief-fM von hinten häkeln.
**7. Rd:** In die hinteren M-Glieder 24 fM häkeln. Faden stilllegen.
**8. Rd (Smaragd):** 24 Km häkeln.
Faden stilllegen.
**9. Rd (Nebel):** In die hinteren M-Glieder 24 Km häkeln.
Faden abschneiden und durchziehen.
**10. Rd (Smaragd):** In die hinteren M-Glieder 24 Km häkeln.
Faden abschneiden und durchziehen.
**11. Rd (Schwarz):** In die hinteren M-Glieder 24 Km häkeln.
**12.-15. Rd:** Jeweils 24 fM häkeln.
Faden abschneiden und durchziehen.

### Haare

In Creme einen Magic-Ring anfertigen.
**1. Rd:** 6 fM in den Ring häkeln (= 6 M).
**2. Rd:** Jede fM verdoppeln (= 12 M).
**3. Rd:** Jede 2. fM verdoppeln (= 18 M).
**4. Rd:** Jede 3. fM verdoppeln (= 24 M).
**5. Rd:** Jede 6. fM verdoppeln (= 27 M).
Weiter in R häkeln. Am Ende jeder R mit 1 Lm wenden.
**6. Rd:** 17 fM, die restlichen M bleiben unbehäkelt (= 17 M).
**7.+8. Rd:** Jeweils 17 fM häkeln.
**9. Rd:** 17 fM, 3 fM auf die Rdm der 6.-8. R, weiter auf die unbehäkelten M der 5. Rd 4 fM, 1 hStb, 1 Lm, 1 Km in das hStb, 1 hStb, 4 fM, 3 fM auf die Rdm der 6.-8. R. Mit 1 Km die Rd schließen.
Faden lang abschneiden und durchziehen.

### Schal

In Smaragd 41 Lm anschl.
**1. Rd:** Ab der 2. Lm von der Nd aus 40 fM häkeln.
Faden abschneiden und durchziehen.

### Fertigstellen

Die Haare zuerst feststecken und dann annähen. Die Perlen als Augen aufnähen und Mund und Augenbrauen in Schwarz aufsticken. In Nebel die Streifen auf den Schal sticken. Den Schal um das Unterteil schlingen und mit zwei Stichen an der Vorderseite fixieren. Ober- und Unterteil so an der Kapsel ankleben, dass der Verbindungssteg der Kapsel auf der Rückseite liegt. Mit 4 Überwendlingsstichen Ober- und Unterteil über dem Steg zusammennähen. Alle Fäden vernähen.

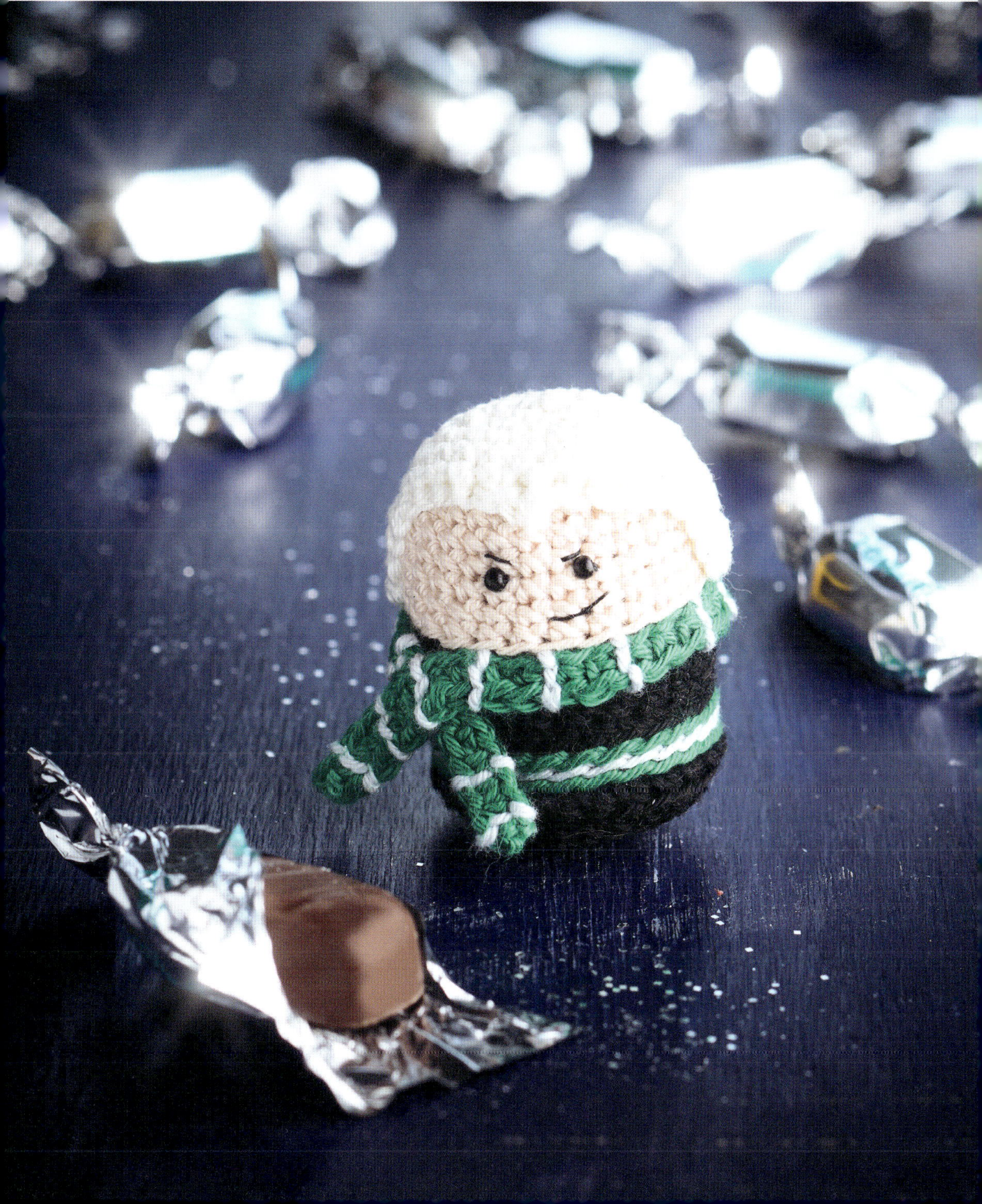

# Das Schnabeltier

## findet Goldmünzen

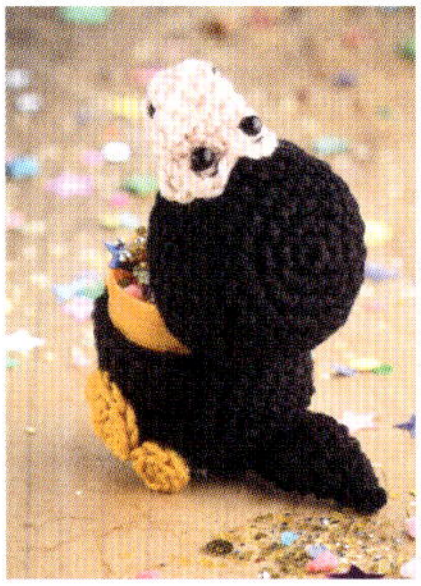

MATERIAL

- Schachenmayr Catania (LL 125 m/ 50 g) in Schwarz (Fb 110) und Soft Apricot (Fb 263), je 50 g, in Gold (Fb 249), Rest
- Häkelnadel 3,0 mm
- Stickgarn in Schwarz
- 2 Perlen in Schwarz, ø 4 mm
- Heißkleber

## Anleitung

Alle Teile werden in geschlossenen Rd gearbeitet. Jede Rd mit 1 Steige-Lm beginnen und 1 Km schließen. Diese M werden nicht mitgezählt.

### Oberteil

In Schwarz einen Magic-Ring anfertigen.
1. Rd: 6 fM in den Ring häkeln (= 6 M).
2. Rd: Jede fM verdoppeln (= 12 M).
3. Rd: Jede 2. fM verdoppeln (= 18 M).
4. Rd: Jede 3. fM verdoppeln (= 24 M).
5.-10. Rd: Jeweils 24 fM häkeln.
Faden abschneiden und durchziehen.

### Unterteil

In Schwarz einen Magic-Ring anfertigen.
1. Rd: 6 fM in den Ring häkeln (= 6 M).
2. Rd: Jede fM verdoppeln (= 12 M).
3. Rd: Jede 2. fM verdoppeln (= 18 M).
4. Rd: Jede 3. fM verdoppeln (= 24 M).
5.-12. Rd: Jeweils 24 fM häkeln.
Faden abschneiden und durchziehen.

### Gesicht

In Soft Apricot 4 Lm anschl.
1. Rd: Ab der 2. Lm von der Nd aus 2 fM, 3 fM in 1 M häkeln. Weiter auf der Unterseite der Lm-Kette 2 fM, 3 fM in 1 M häkeln (= 10 M).
2.-4 Rd: Jeweils 10 fM häkeln.
5. Rd: 1 fM, * (1 hStb, 1 Stb) in 1 M, (1 Stb, 1 hStb) in 1 M, 1 fM, ab * noch 1x wdh, 3 fM. Mit 1 Km in die 1. M die Rd schließen.
Faden lang abschneiden und durchziehen.

### Kleine Münze (2x)

In Gold einen Magic-Ring anfertigen.
1. Rd: 6 fM in den Ring häkeln und mit 1 Km zur Rd schließen.
Faden lang abschneiden und durchziehen.
Die 2. kleine Münze ebenso häkeln.

### Große Münze

1. Rd: 6 fM in den Ring häkeln (= 6 M).
2. Rd: Jede fM verdoppeln (= 12 M).
Faden lang abschneiden und durchziehen.

### Fertigstellen

Das Gesicht zuerst am Oberteil feststecken und dann nähen. Die Perlen als Augen aufnähen und Nasenlöcher und Augenbrauen in Schwarz aufsticken. Die Goldmünzen auf das Unterteil nähen oder kleben. Ober- und Unterteil so an der Kapsel ankleben, dass der Verbindungssteg der Kapsel auf der Rückseite liegt. Mit 4 Überwendlingsstichen Ober- und Unterteil über dem Steg zusammennähen. Alle Fäden vernähen.

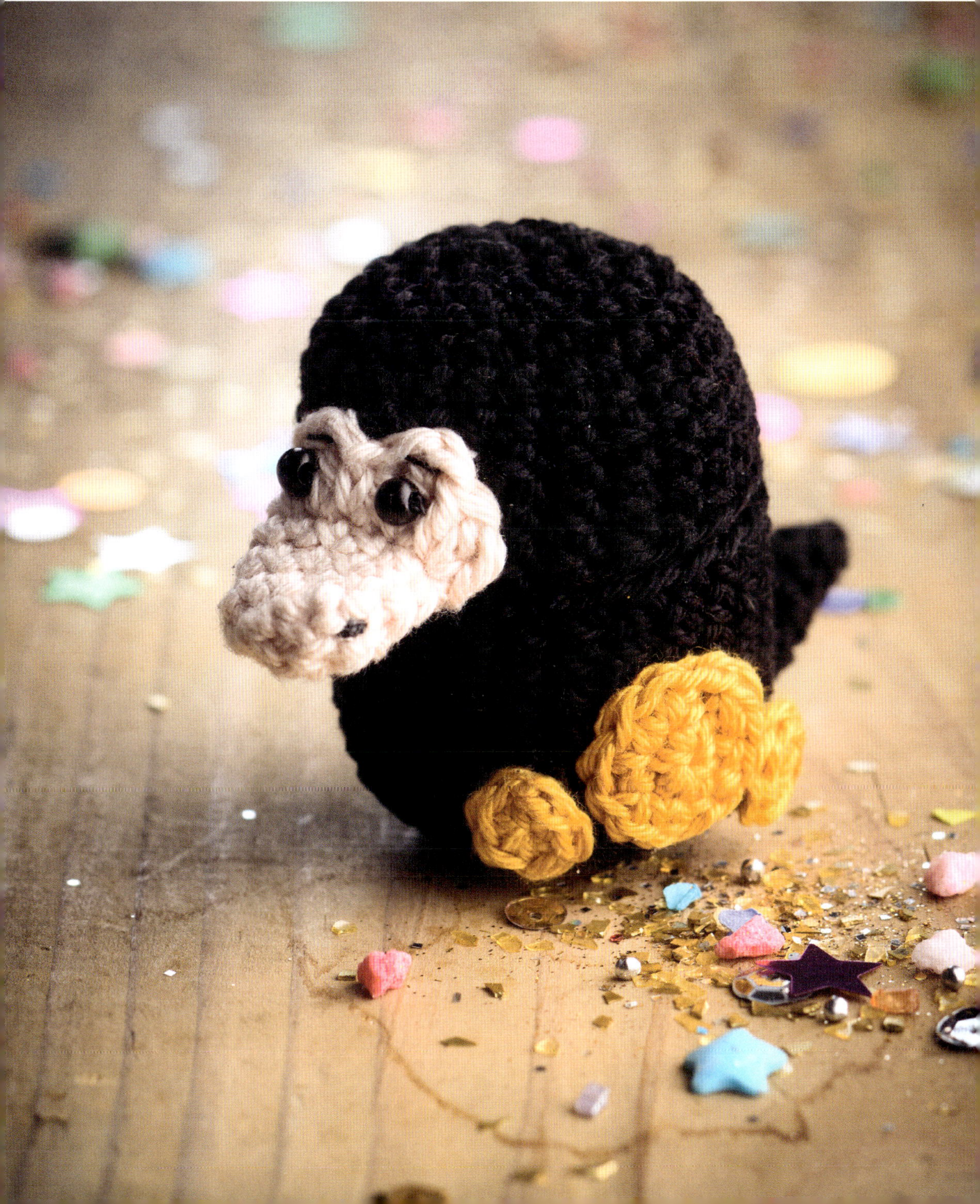

# Der wundersame Vogel

## entsteht aus seiner Asche

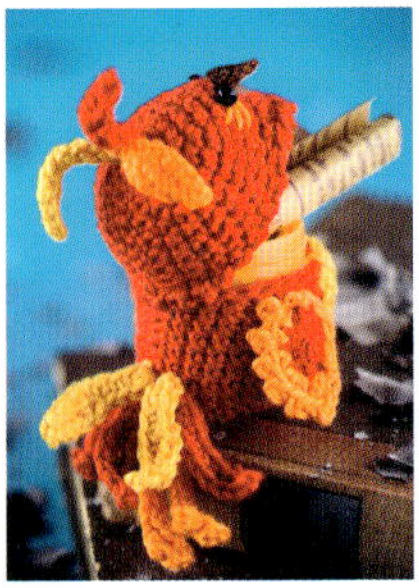

MATERIAL

- Schachenmayr Catania (LL 125 m/ 50 g) in Signalrot (Fb 115), 50 g, in Sonne (Fb 208), Orange (Fb 281) und Marone (Fb 157), Reste
- Stickgarn in Schwarz
- 2 Perlen in Schwarz, ø 4 mm
- Häkelnadel 3,0 mm
- Heißkleber

## Anleitung

Alle Teile mit Ausnahme der Flügel, der Federn und des Bauchs werden in geschlossenen Rd gearbeitet. Jede Rd mit 1 Steige-Lm beginnen und 1 Km schließen. Diese M werden nicht mitgezählt.

### Oberteil

In Signalrot einen Magic-Ring anfertigen.
1. Rd: 6 fM in den Ring häkeln (= 6 M).
2. Rd: Jede fM verdoppeln (= 12 M).
3. Rd: Jede 2. fM verdoppeln (= 18 M).
4. Rd: Jede 3. fM verdoppeln (= 24 M).
5.-9. Rd: Jeweils 24 fM häkeln.
10. Rd: * (1 fM, 1 Lm), ab * noch 2x wdh. 1 hStb, 1 Lm, 1 Km in das hStb, 1 Stb, 1 Lm, 1 Km in das Stb, 1 DStb, 1 Lm, 1 Km in das DStb, 1 Stb, 1 Lm, 1 Km in das Stb, 1 hStb, 1 Lm, 1 Km in das hStb, ** (1 fM, 1 Lm), ab ** noch 9x wdh. 6 fM. Mit 1 Km zur Rd schließen.
Faden abschneiden und durchziehen.

### Unterteil

In Signalrot einen Magic-Ring anfertigen.
1. Rd: 6 fM in den Ring häkeln (= 6 M).
2. Rd: Jede fM verdoppeln (= 12 M).
3. Rd: Jede 2. fM verdoppeln (= 18 M).
4. Rd: Jede 3. fM verdoppeln (= 24 M).
5.-12. Rd: Jeweils 24 fM häkeln.
Faden abschneiden und durchziehen.

### 1. Flügel

In Signalrot einen Magic-Ring anfertigen.
1. Rd: 1 fM, 1 hStb, 1 Stb, 1 DStb, 1 Stb, 1 hStb, 4 fM in den Ring häkeln und mit 1 Km zur Rd schließen (= 10 M).
Faden abschneiden und durchziehen.
2. Rd (Orange): 2 fM, 1 Lm, 1 Km in die 2. fM, * 1 fM, 1 Lm, 1 Km in die fM, ab * noch 1x wdh, 1 fM, 1 Lm, 1 Km in die fM, 1 hStb, 1 Lm, 1 Km in das hStb, 1 Stb, 1 Lm, 1 Km in das Stb, 3 Lm, 1 Km, 5 Km, mit 1 Km zur Rd schließen.
Faden abschneiden und durchziehen

### 2. Flügel

In Signalrot einen Magic-Ring anfertigen.
1. Rd: 1 fM, 1 hStb, 1 Stb, 1 DStb, 1 Stb, 1 hStb, 4 fM in den Ring häkeln und mit 1 Km zur Rd schließen (= 10 M).
Faden abschneiden und durchziehen. Arbeit wenden und ohne Wende-Lm weiterhäkeln.
2. Rd (Orange): 2 fM, 1 Lm, 1 Km in die 2. fM, * 1 fM, 1 Lm, 1 Km in die fM, ab * noch 1x wdh, 1 fM, 1 Lm, 1 Km in die fM, 1 hStb, 1 Lm, 1 Km in das hStb, 1 Stb, 1 Lm, 1 Km in das Stb, 3 Lm, 1 Km, 5 Km, mit 1 Km zur Rd schließen
Faden abschneiden und durchziehen.

### Bauch

In Sonne einen Magic-Ring anfertigen. Weiter in R häkeln. Am Ende jeder R mit 1 Lm wenden.
1. R: 3 fM in den Ring häkeln (= 3 M).
2. R: 1 fM verdoppeln, 1 fM, 1 fM verdoppeln (= 5 M).
3.-6. R: Jeweils 5 fM häkeln.
Ohne Wenden weiter über die Rdm arb: 5 fM, (1 fM, 1 Lm, 1 fM) in den Magic- Ring, 5 fM, mit 1 Km schließen.
Faden lang abschneiden und durchziehen.

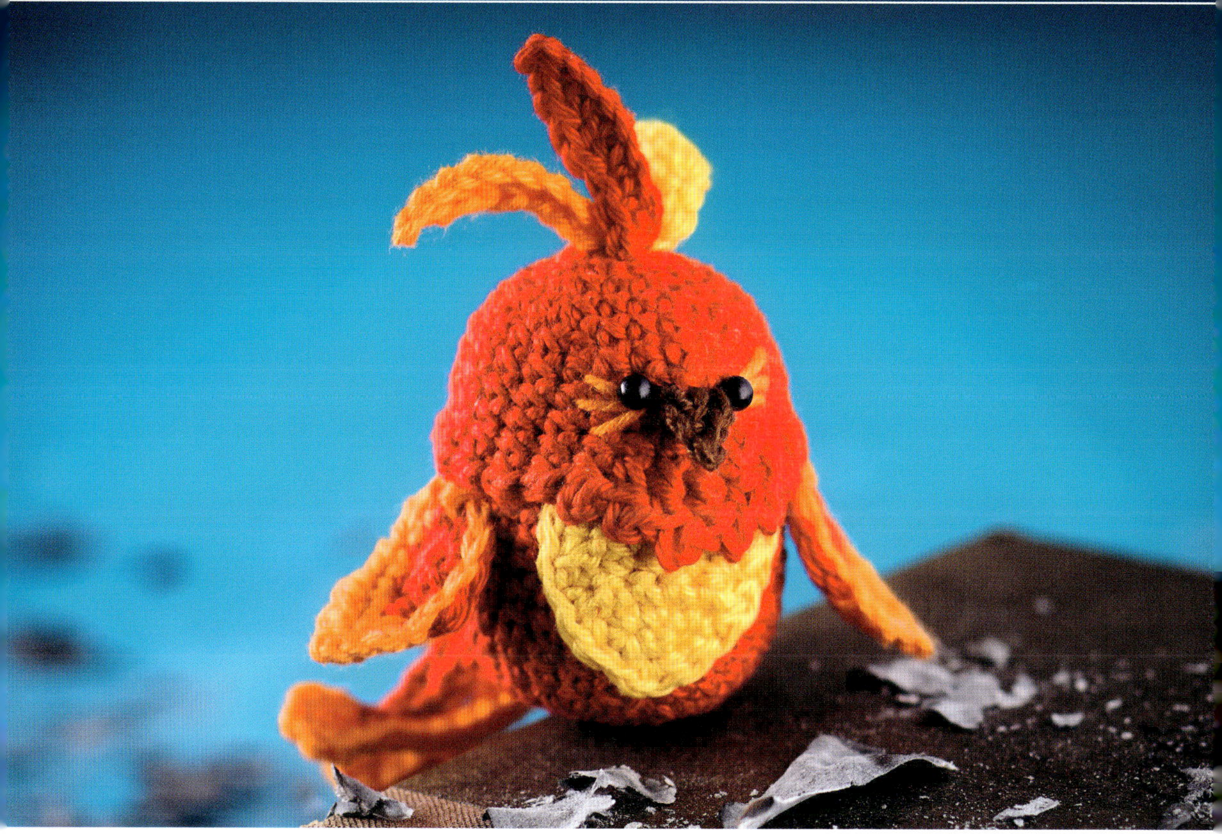

## Kurze Feder (8x)

In Signalrot 9 Lm anschl.
1. R: Ab der 2. Lm von der Nd aus 1 Km, 1 fM, 1 hStb, 1 Stb, 1 hStb, 3 fM.
Faden lang abschneiden und durchziehen.
Noch 7 Federn ebenso häkeln, 3 in Signalrot, 3 in Sonne und 1 in Orange

## Lange Feder (2x)

In Orange 10 Lm anschl.
1. R: Ab der 2. Lm von der Nd aus 6 fM in 1 M, 8 Km.
Faden lang abschneiden und durchziehen.
Die 2. lange Feder ebenso häkeln.

## Schnabel

In Marone 4 Lm anschl.
1. R: Ab der 2. Lm von der Nd aus 1 Km, 1 fM, 1 hStb.
Faden lang abschneiden und durchziehen.

## Fertigstellen

Die Flügel und den Bauch auf das Unterteil stecken und annähen. Den Schnabel zuerst auf dem Oberteil feststecken und dann annähen. In Orange rechts und links des Schnabels 3 Strahlen aufsticken. Die Perlen als Augen auf die Strahlen nähen. Für den Schwanz 2 kurze Federn in Sonne und Signalrot und 2 lange Federn in Orange am Po festnähen. Am Oberkopf je 1 kurze Feder in Signalrot, Sonne und Orange annähen. Ober- und Unterteil so an der Kapsel ankleben, dass der Verbindungssteg der Kapsel auf der Rück seite liegt. Mit 4 Überwendlingsstichen Ober- und Unterteil über dem Steg zusammennähen. Alle Fäden vernähen.

# Der geheimnisvolle Lehrer

## für Zaubertränke

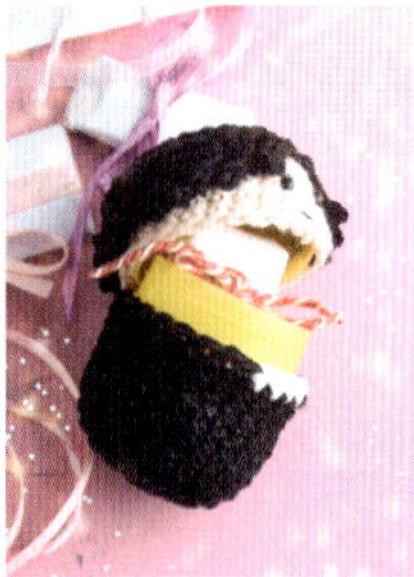

MATERIAL

- Schachenmayr Catania (LL 125 m/ 50 g) in Schwarz (Fb 110) und Soft Apricot (Fb 263), je 50 g, in Weiß (Fb 106), Rest
- Häkelnadel 3,0 mm
- Stickgarn in Schwarz
- 2 Perlen in Schwarz, ø 3 mm
- Heißkleber

## Anleitung

Alle Teile werden in geschlossenen Rd gearbeitet. Jede Rd mit 1 Steige-Lm beginnen und 1 Km schließen. Diese M werden nicht mitgezählt.

### Oberteil

In Soft Apricot einen Magic-Ring anfertigen.
**1. Rd:** 6 fM in den Ring häkeln (= 6 M).
**2. Rd:** Jede fM verdoppeln (= 12 M).
**3. Rd:** Jede 2. fM verdoppeln (= 18 M).
**4. Rd:** Jede 3. fM verdoppeln (= 24 M).
**5.-9. Rd:** Jeweils 24 fM häkeln.
Faden abschneiden und durchziehen.

### Unterteil

In Schwarz einen Magic-Ring anfertigen.
**1. Rd:** 6 fM in den Ring häkeln (= 6 M).
**2. Rd:** Jede fM verdoppeln (= 12 M).
**3. Rd:** Jede 2. fM verdoppeln (= 18 M).
**4. Rd:** Jede 3. fM verdoppeln (= 24 M).
**5. Rd:** 24 fM häkeln.
**6. Rd:** 24 Relief-fM von hinten häkeln.
**7. Rd:** In die hinteren M-Glieder 24 fM häkeln.
**8.-11. Rd:** Jeweils 24 fM häkeln.
**12. Rd:** 10 fM in Schwarz, 4 fM in Weiß, 10 fM in Schwarz häkeln (= 24 M).
Faden abschneiden und durchziehen.

### Haare

In Schwarz einen Magic-Ring anfertigen.
**1. Rd:** 6 fM in den Ring häkeln (= 6 M).
**2. Rd:** Jede fM verdoppeln (= 12 M).
**3. Rd:** Jede 2. fM verdoppeln (= 18 M).
**4. Rd:** Jede 3. fM verdoppeln (= 24 M).
**5. Rd:** 24 fM häkeln.
**6. Rd:** Nun 24 Strähnen wie folgt häkeln:
**1.-10. Strähne:** * 1 fM, 8 Lm, ab der 2. Lm von der Nd aus 7 fM, ab * noch 9x wdh.
**11. Strähne:** 1 fM, 7 Lm, ab der 2. Lm von der Nd aus 6 fM häkeln.
**12.+13. Strähne:** * 1 fM, 6 Lm, ab der 2. Lm von der Nd aus 5 fM, ab * noch 1x wdh.
**14. Strähne:** * 1 fM, 7 Lm, ab der 2. Lm von der Nd aus 6 fM häkeln.
**15.-24. Strähne:** * 1 fM, 8 Lm, ab der 2. Lm von der Nd aus 7 fM, ab * noch 9x wdh.
Faden lang abschneiden und durchziehen.

### Fertigstellen

Die Haare zuerst feststecken (die Strähnen mit den 5 fM bilden den Mittelscheitel), dann annähen. Die Perlen als Augen aufnähen und Mund und Augenbrauen in Schwarz aufsticken. Ober- und Unterteil so an der Kapsel ankleben, dass der Verbindungssteg der Kapsel auf der Rückseite liegt. Mit 4 Überwendlingsstichen Ober- und Unterteil über dem Steg zusammennähen. Alle Fäden vernähen.

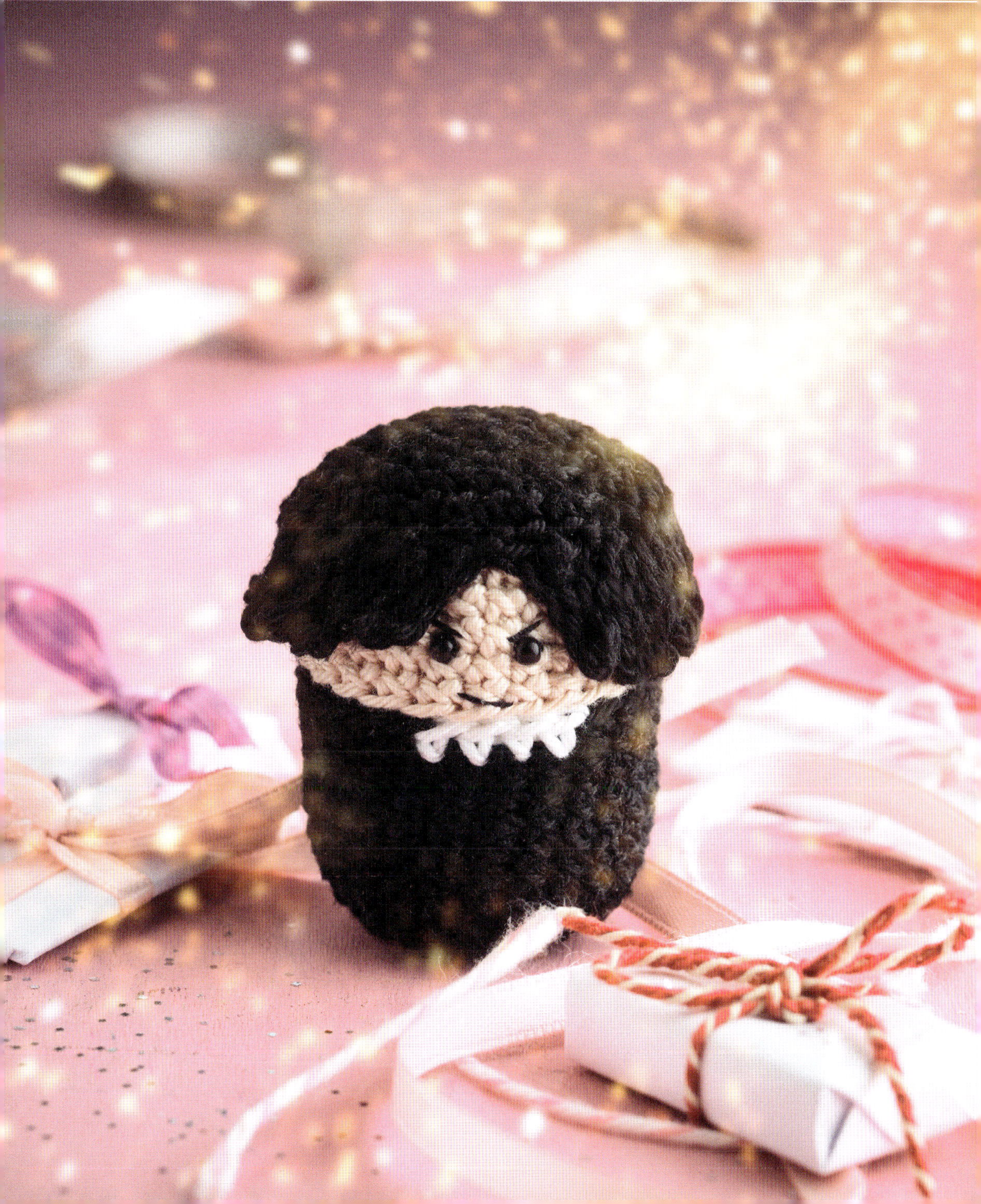

# Die Schlange

## dient dem dunklen Lord

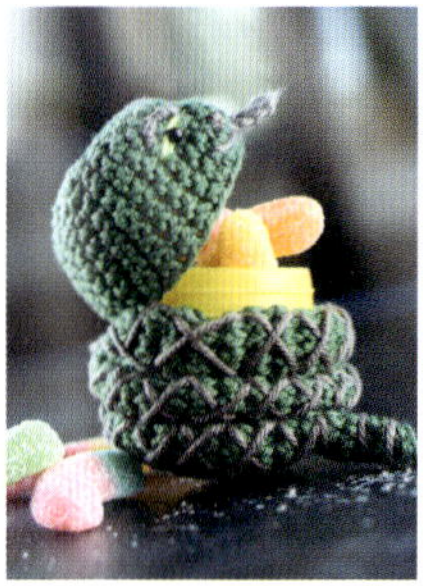

MATERIAL

- Schachenmayr Catania (LL 125 m/ 50 g) in Tannenbaum (Fb 419), 50 g, in Graphit (Fb 393) und Greenery (Fb 418), Reste
- 2 Perlen in Schwarz, ø 3 mm
- Häkelnadel 3,0 mm
- Heißkleber

## Anleitung

Das Oberteil wird in geschlossenen Rd gearbeitet. Jede Rd mit 1 Steige-Lm beginnen und 1 Km schließen. Diese M werden nicht mitgezählt. Das Unterteil und der Schwanz werden in Spiral-Rd gehäkelt.

### Oberteil

In Tannenbaum einen Magic-Ring anfertigen.
1. Rd: 6 fM in den Ring häkeln (= 6 M).
2. Rd: Jede fM verdoppeln (= 12 M).
3. Rd: Jede 2. fM verdoppeln (= 18 M).
4. Rd: Jede 3. fM verdoppeln (= 24 M).
5.+6. Rd: Jeweils 24 fM häkeln.
7. Rd: 9 fM, 6 fM verdoppeln, 9 fM häkeln (= 30 M).
8. Rd: 30 fM häkeln.
9. Rd: 9 fM, * 2 fM zusammen abmaschen, ab * noch 5x wdh, 9 fM (= 24 M).
Faden abschneiden und durchziehen.

### Unterteil

In Tannenbaum einen Magic-Ring anfertigen.
1. Rd: 6 fM in den Ring häkeln (= 6 M).
2. Rd: Jede fM verdoppeln (= 12 M).
3. Rd: Jede 2. fM verdoppeln (= 18 M).
4. Rd: Jede 3. fM verdoppeln (= 24 M).
5.-12. Rd: Jeweils 24 fM häkeln.
Faden abschneiden und durchziehen.

### Schwanz

In Tannenbaum 8 Lm anschl und mit 1 Km zur Rd schließen.
1.-10. Rd: Jeweils 8 fM häkeln (= 8 M).
11. Rd: 6 fM, 2 fM zusammen abmaschen (= 7 M).
12.-46. Rd: Jeweils 7 fM häkeln.
47. Rd: 5 fM, 2 fM zusammen abmaschen (= 6 M).
48.-66. Rd: Jeweils 6 fM häkeln.
67. Rd: 4 fM, 2 fM zusammen abmaschen (= 5 M).
68.-71. Rd: Jeweils 5 fM häkeln.
72. Rd: 3 fM, 2 fM zusammen abmaschen (= 4 M).
73.-75. Rd: Jeweils 4 fM häkeln.
Faden lang abschneiden und durchziehen.

### Zunge

In Graphit 3 Lm anschl. Ab der 2. Lm vonder Nd aus 2 Km häkeln.
Faden lang abschneiden und durchziehen.

### Fertigstellen

Die verdoppelten M der 7. Rd des Oberteils bilden die Nase der Schlange. Die Augen über der Nase anbringen. Dafür in Greenery links und rechts mit 4 M Abstand in der Mitte jeweils 3 M 2x umschlingen. Darauf die Perlen als Augen aufsticken. Oberhalb der Augen die Augenwulste in Graphit aufsticken. Nasenlöcher und Mund ebenfalls in Graphit aufsticken. Auf dem Mund die Zunge festnähen. Mit 4 Überwendlingsstichen Ober- und Unterteil über dem Steg zusammennähen. Nun den Schwanz mit 4 Stichen über dieser Naht annähen und in engen Spiral-Rd um das Unterteil schlingen. Den Schwanz mit wenigen Stichen am Unterteil fixieren. In Graphit das Rautenmuster aufsticken. Ober- und Unterteil so an der Kapsel ankleben, dass der Verbindungssteg der Kapsel auf der Rückseite liegt. Alle Fäden vernähen.

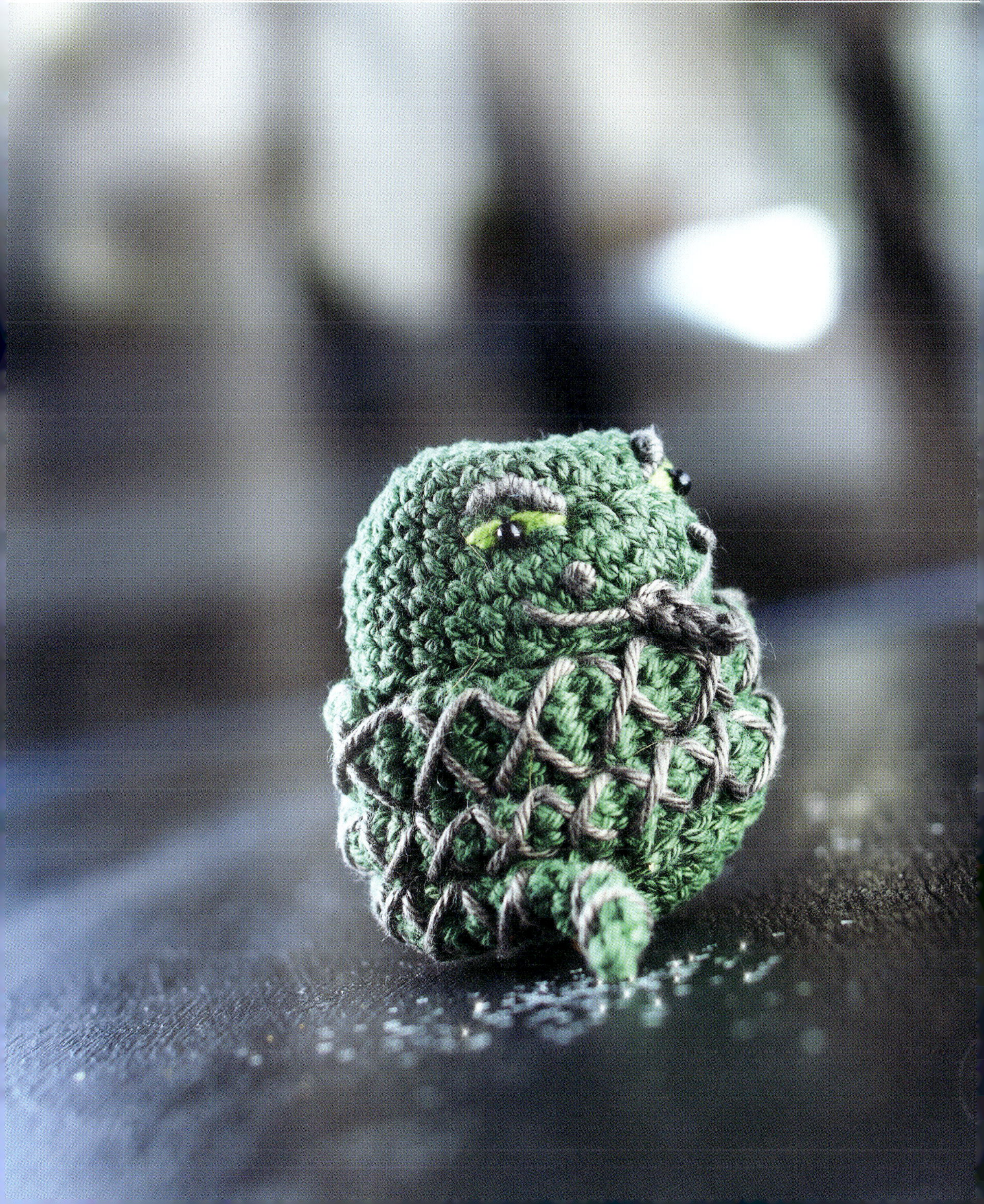

# Der Ball mit Flügeln

## schnell und wendig

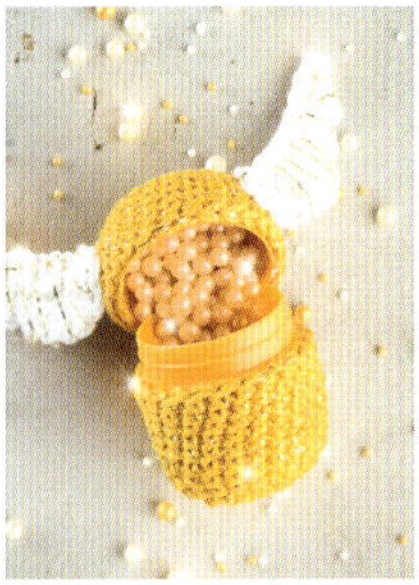

MATERIAL

- Schachenmayr Catania (LL 125 m/ 50 g) in Gold (Fb 249) und Weiß (Fb 106), je 50 g
- Wooly Hugs Beilaufgarn (LL 1000 m/25 g) in Gold (Fb 300), Rest
- Häkelnadel 3,0 mm
- Heißkleber

### Anleitung

Alle Teile mit Ausnahme der Flügel werden in geschlossenen Rd gearbeitet. Jede Rd mit 1 Steige-Lm beginnen und 1 Km schließen. Diese M werden nicht mitgezählt.

### Oberteil

Mit doppeltem Faden aus Gold (Catania und Beilaufgarn) einen Magic-Ring anfertigen.
1. Rd: 6 fM in den Ring häkeln (= 6 M).
2. Rd: Jede fM verdoppeln (= 12 M).
3. Rd: Jede 2. fM verdoppeln (= 18 M).
4. Rd: Jede 3. fM verdoppeln (= 24 M).
5.-9. Rd: Jeweils 24 fM häkeln.
Faden abschneiden und durchziehen.

### Unterteil

Mit doppeltem Faden aus Gold (Catania und Beilaufgarn) einen Magic-Ring anfertigen.
1. Rd: 6 fM in den Ring häkeln (= 6 M).
2. Rd: Jede fM verdoppeln (= 12 M).
3. Rd: Jede 2. fM verdoppeln (= 18 M).
4. Rd: Jede 3. fM verdoppeln (= 24 M).
5.-12. Rd: Jeweils 24 fM häkeln.
Faden abschneiden und durchziehen.

### Flügel (2x)

In Weiß 12 Lm anschl.
1. Rd: Ab der 2. Lm von der Nd aus 10 fM, 3 fM in 1 M arb. Weiter auf der Unterseite der Lm-Kette 9 Km häkeln. Weiter in R häkeln, aber immer ohne Lm wenden.
2. R: In die vorderen M-Glieder 9 Km häkeln. Die restlichen M bleiben unbehäkelt.
3. R: In die vorderen M-Glieder 7 Km. Die restlichen M bleiben unbehäkelt.
4. R: In die vorderen M-Glieder 6 Km. Die restliche M bleiben unbehäkelt.
5. R: In die vorderen M-Glieder 4 Km. Die restlichen M bleiben unbehäkelt.
6. R: In die vorderen M-Glieder 3 Km. Die restliche M bleiben unbehäkelt.
Ohne Wenden 7 fM und 1 Km auf die Rdm der R häkeln.
Faden lang abschneiden und durchziehen.
Den 2. Flügel ebenso häkeln.

### Fertigstellen

Die Flügel mit Beilaufgarn in Gold besticken. Die Flügel am Oberteil zuerst feststecken und dann annähen. Ober- und Unterteil so an der Kapsel ankleben, dass der Verbindungssteg der Kapsel auf der Rückseite liegt. Mit 4 Überwendlingsstichen Ober- und Unterteil über dem Steg zusammennähen. Alle Fäden vernähen.

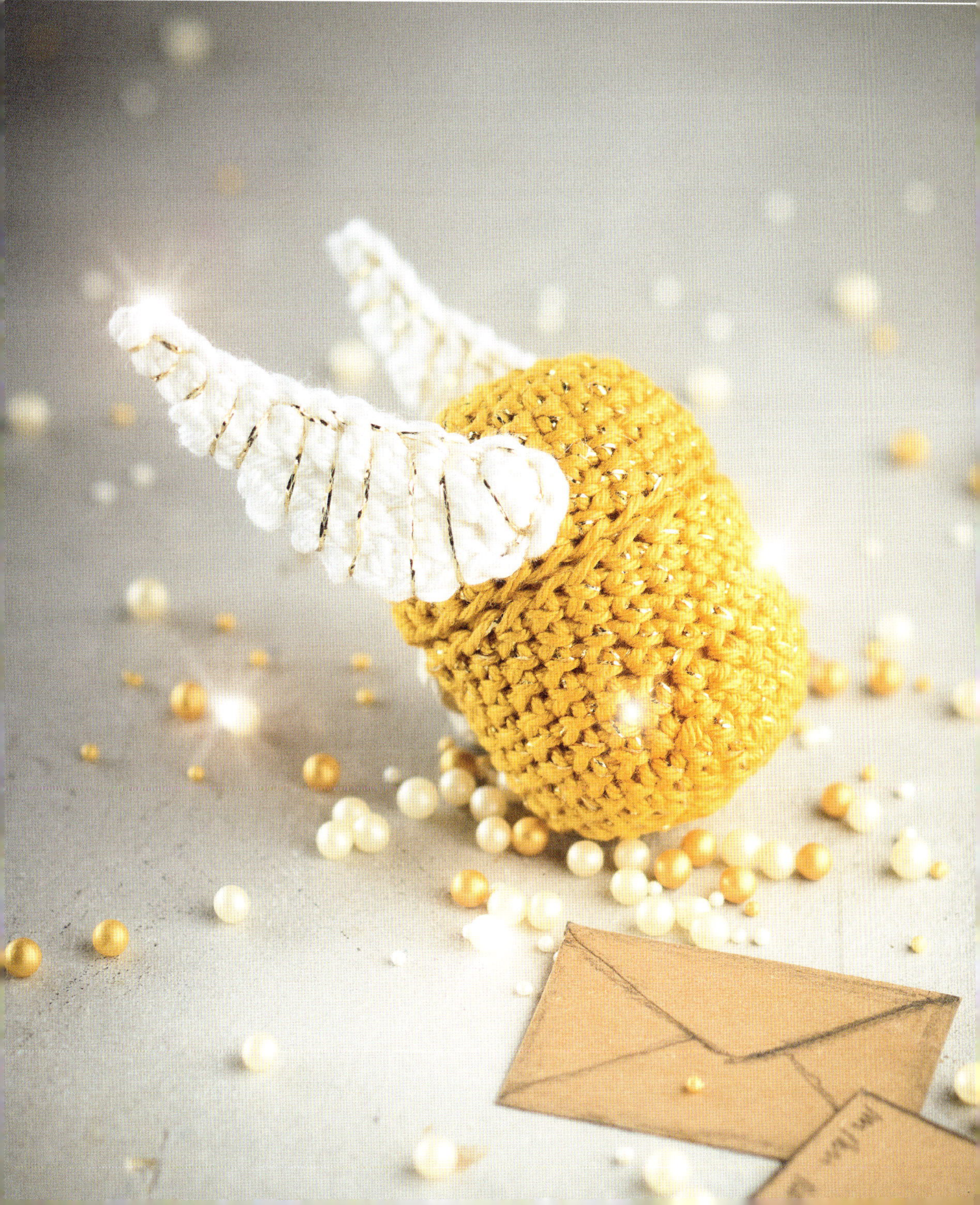

# Die Zauberkerze

## schwebt und gleitet

MATERIAL

- Schachenmayr Catania (LL 125 m/ 50 g) in Weiß (Fb 106) und Sonne (Fb 208), je 50 g
- Häkelnadel 3,0 mm
- Buttinette Perlonfaden, transparent, ø 0,15 mm, Rest
- Heißkleber

## Anleitung

Alle Teile werden in geschlossenen Rd gearbeitet. Jede Rd mit 1 Steige-Lm beginnen und 1 Km schließen. Diese M werden nicht mitgezählt.

### Oberteil

In Weiß einen Magic-Ring anfertigen.
**1. Rd:** 6 fM in den Ring häkeln (= 6 M).
**2. Rd:** Jede fM verdoppeln (= 12 M).
**3. Rd:** Jede 2. fM verdoppeln (= 18 M).
**4. Rd:** Jede 3. fM verdoppeln (= 24 M).
**5. Rd:** Jede 6. fM verdoppeln (= 28 M).
**6. Rd:** 28 Relief-fM von hinten häkeln.
**7. Rd:** 28 fM häkeln.
**8. Rd:** Jede 6. und 7 fM zusammen abmaschen (= 24 M).
**9.-10. Rd:** Jeweils 24 fM häkeln.
Faden abschneiden und durchziehen.

### Unterteil

In Weiß einen Magic-Ring anfertigen.
**1. Rd:** 6 fM in den Ring häkeln (= 6 M).
**2. Rd:** Jede fM verdoppeln (= 12 M).
**3. Rd:** Jede 2. fM verdoppeln (= 18 M).
**4. Rd:** Jede 3. fM verdoppeln (= 24 M).
**5. Rd:** Jede 6. fM verdoppeln (= 28 M).
**6. Rd:** 28 Relief-fM von hinten häkeln.
**7. Rd:** 28 fM häkeln.
**8. Rd:** Jede 6. und 7 fM zusammen abmaschen (= 24 M).
**9.-13. Rd:** Jeweils 24 fM häkeln.
Faden abschneiden und durchziehen.

### Flamme

In Sonne einen Magic-Ring anfertigen.
**1. Rd:** 6 fM in den Ring häkeln (= 6 M).
**2. Rd:** Jede fM verdoppeln (= 12 M).
**3.-5. Rd:** Jeweils 12 fM häkeln.
**6. Rd:** Jede 3. und 4 fM zusammen abmaschen (= 9 M).
**7. Rd:** Jede 2. und 3 fM zusammen abmaschen (= 6 M).
**8. Rd:** 4 fM, 2 fM zusammen abmaschen (= 5 M).
**9. Rd:** 3 fM, 2 fM zusammen abmaschen (= 4 M).
Faden lang abschneiden und durchziehen.

### Fertigstellen

Die Flamme am Oberteil zuerst feststecken und dann annähen. Ober- und Unterteil so an der Kapsel ankleben, dass der Verbindungssteg der Kapsel auf der Rückseite liegt. Mit 4 Überwendlingsstichen Ober- und Unterteil über dem Steg zusammennähen. Alle Fäden vernähen. Den Perlonfaden durch die Spitze der Flamme ziehen und eine Schlaufe zum Aufhängen bilden.

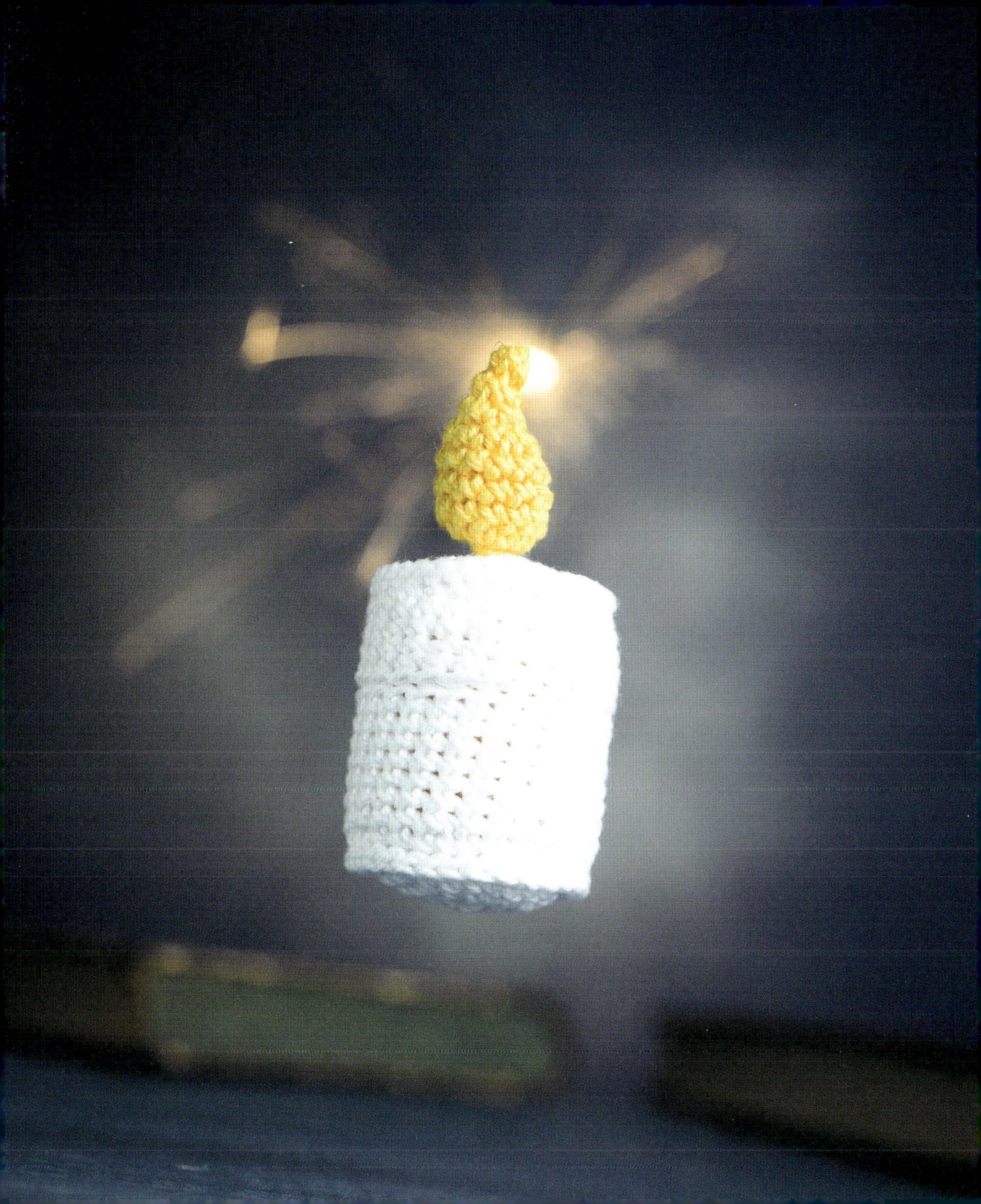

# Der magische Hut

## erkennt das wahre Wesen

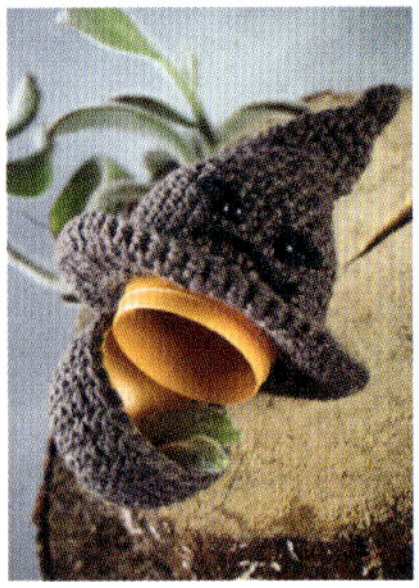

MATERIAL

- Schachenmayr Catania (LL 125 m/ 50 g) in Kaffee (Fb 162), 50 g, in Schwarz (Fb 110), Rest
- Häkelnadel 3,0 mm
- 2 Perlen in Schwarz, ø 4 mm
- Heißkleber

## Anleitung

Alle Teile werden in geschlossenen Rd gearbeitet. Jede Rd mit 1 Steige-Lm beginnen und 1 Km schließen. Diese M werden nicht mitgezählt.

### Oberteil

In Kaffee einen Magic-Ring anfertigen.
**1. Rd:** 6 fM in den Ring häkeln (= 6 M).
**2. Rd:** Jede fM verdoppeln (= 12 M).
**3. Rd:** Jede 2. fM verdoppeln (= 18 M).
**4. Rd:** Jede 3. fM verdoppeln (= 24 M).
**5. Rd:** In die hinteren M-Glieder 24 fM häkeln.
**6.-12. Rd:** Jeweils 24 fM häkeln.
Faden abschneiden und durchziehen.

**Hut**

In Kaffee einen Magic-Ring anfertigen.
**1. Rd:** 3 Lm, 4 Stb in den Ring häkeln (= 4 M).
**2. Rd:** fM arb, dabei jede 2. fM verdoppeln (= 6 M).
**3. Rd:** 6 fM häkeln.
**4. Rd:** Jede 2. fM verdoppeln (= 9 M).
**5. Rd:** 9 fM häkeln.
**6. Rd:** Jede 3. fM verdoppeln (= 12 M).
**7. Rd:** 12 fM häkeln.
**8. Rd:** Jede 4. fM verdoppeln (= 15 M).
**9. Rd:** Jede 5. fM verdoppeln (= 18 M).
**10. Rd:** Jede 6. fM verdoppeln (= 21 M).
**11. Rd:** Jede 7. fM verdoppeln (= 24 M).
**12. Rd:** Das Oberteil so in den Hut schieben, dass die Magic-Ringe beide nach oben zeigen. Die 4. Rd des Oberteils soll auf Höhe der 11. Rd des Huts liegen: Nun die beiden Teile zusammenhäkeln. Dafür in die M der 11. Rd des Huts und in die freien vorderen M-Glieder der 4. Rd des Oberteils einstechen und mit 24 fM verbinden.
**13. Rd:** Jede 8. fM verdoppeln (= 27 M).
**14. Rd:** Jede 9. fM verdoppeln (= 30 M).
**15. Rd:** 30 fM häkeln.
**16. Rd:** Jede 10. fM verdoppeln (= 33 M).
**17. Rd:** 33 fM häkeln.
**18. Rd:** Jede 11. fM verdoppeln (= 36 M).
**19. Rd:** 36 fM häkeln.
**20. Rd:** Jede 12. fM verdoppeln (= 39 M).
**21. Rd:** 39 Relief-fM von hinten häkeln.
**22. Rd:** Jede 3. fM verdoppeln (= 52 M).
**23.+24. Rd:** Jeweils 52 fM häkeln.
Faden abschneiden und durchziehen.

### Unterteil

In Kaffee einen Magic-Ring anfertigen.
**1. Rd:** 6 fM in den Ring häkeln (= 6 M).
**2. Rd:** Jede fM verdoppeln (= 12 M).
**3. Rd:** Jede 2. fM verdoppeln (= 18 M).
**4. Rd:** Jede 3. fM verdoppeln (= 24 M).
**5.-12. Rd:** Jeweils 24 fM häkeln.
Faden abschneiden und durchziehen.

### Fertigstellen

Perlen als Augen aufnähen und Mund und Augenumrandung in Schwarz aufsticken. Ober- und Unterteil so an der Kapsel ankleben, dass der Verbindungssteg der Kapsel auf der Rückseite liegt. Mit 4 Überwendlingsstichen Ober- und Unterteil über dem Steg zusammennähen. Alle Fäden vernähen.

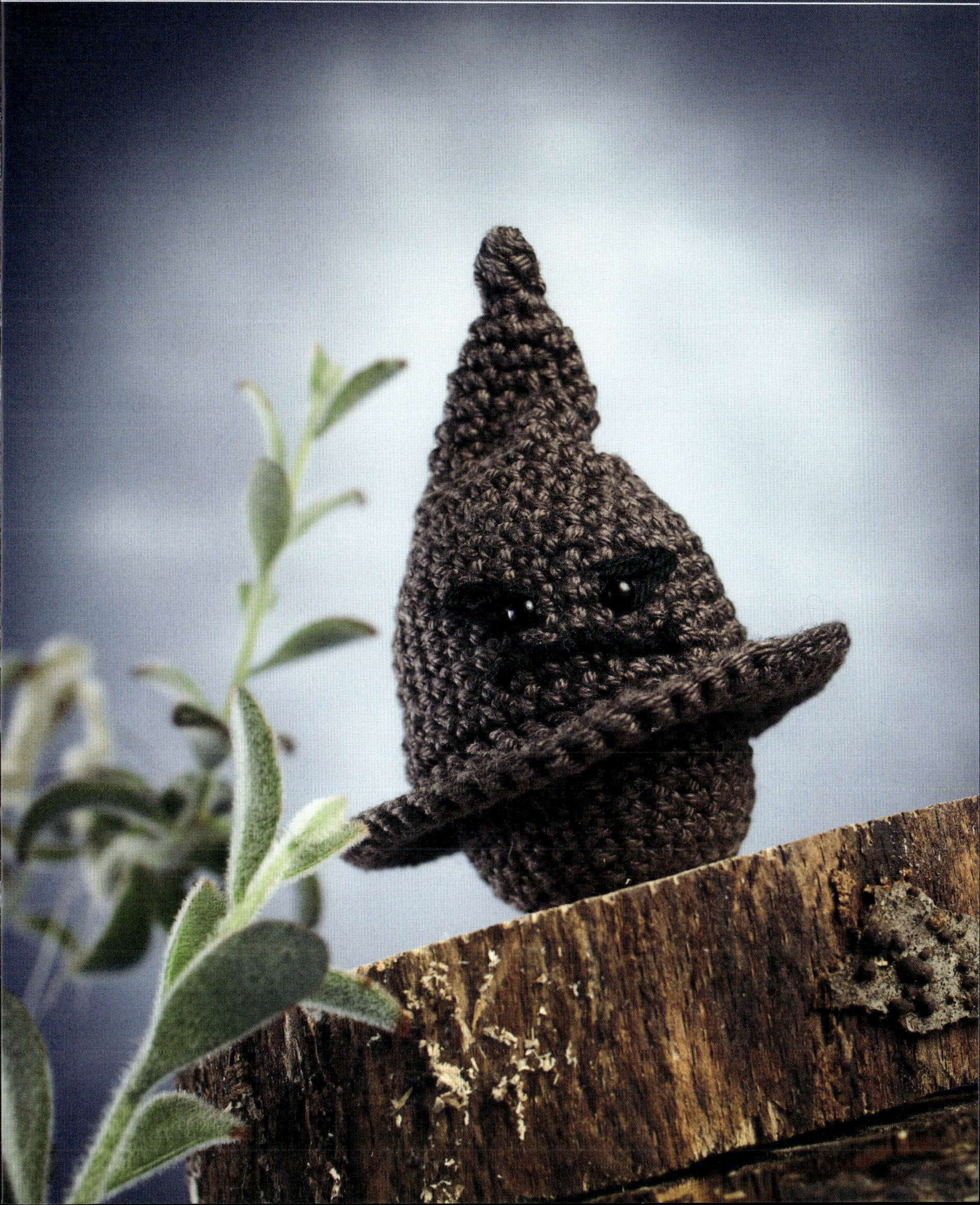

# Das Wappen

## Erkennungszeichen der Besten

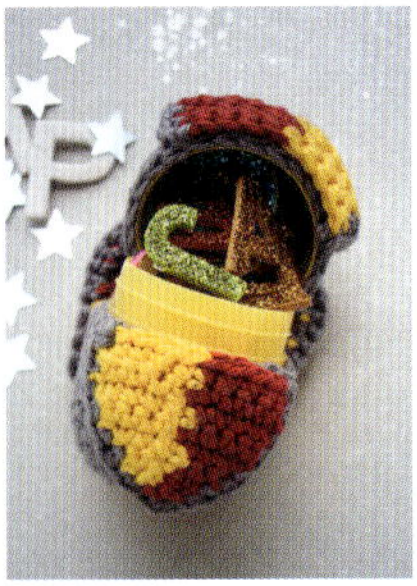

**MATERIAL**

- Schachenmayr Catania (LL 125 m/ 50 g) in Stein (Fb 242), Weinrot (Fb 192) und Sonne (Fb 208), je 50 g
- Häkelnadel 3,0 mm
- Heißkleber

### Anleitung

Alle Teile mit Ausnahme des Wappens werden in geschlossenen Rd gearbeitet. Jede Rd mit 1 Steige-Lm beginnen und 1 Km schließen. Diese M werden nicht mitgezählt.

#### Oberteil

In Stein einen Magic-Ring anfertigen.
1. Rd: 6 fM in den Ring häkeln (= 6 M).
2. Rd: Jede fM verdoppeln (= 12 M).
3. Rd: Jede 2. fM verdoppeln (= 18 M).
4. Rd: Jede 3. fM verdoppeln (= 24 M).
5.–9. Rd: Jeweils 24 fM häkeln.
Faden abschneiden und durchziehen.

#### Unterteil

In Stein einen Magic-Ring anfertigen.
1. Rd: 6 fM in den Ring häkeln (= 6 M).
2. Rd: Jede fM verdoppeln (= 12 M).
3. Rd: Jede 2. fM verdoppeln (= 18 M).
4. Rd: Jede 3. fM verdoppeln (= 24 M).
5.–12. Rd: Jeweils 24 fM häkeln.
Faden abschneiden und durchziehen.

#### Ganzes Wappen

Das Wappen wird mit 2 Fb gehäkelt. Damit ein schöner Übergang zwischen den Fb entsteht, die letzte M der aktuellen Fb bereits mit der nächsten Fb abmaschen.
In Weinrot einen Magic-Ring anfertigen.
Weiter in R häkeln. Am Ende jeder R mit 1 Lm wenden.
1. R: 2 fM in den Ring häkeln (= 2 M).
2. R: (Weinrot) 1 fM verdoppeln, (Sonne) 1 fM verdoppeln (= 4 M).
3. R: (Sonne) 1 fM verdoppeln, 1 fM, (Weinrot) 1 fM, 1 fM verdoppeln (= 6 M).
4. R: (Weinrot) 1 fM verdoppeln, 2 fM, (Sonne) 2 fM, 1 fM verdoppeln (= 8 M).
5. R: (Sonne) 1 fM verdoppeln, 3 fM, (Weinrot) 3 fM, 1 fM verdoppeln (= 10 M).
6. R: (Weinrot) 5 fM, (Sonne) 5 fM.
7. R: (Sonne) 5 fM, (Weinrot) 5 fM, dabei das Garn in Sonne mit einhäkeln.
8. R: (Sonne) 5 fM, dabei das Garn in Weinrot mit einhäkeln, (Weinrot) 5 fM.
9.–16. R: Die Fb der 8. R beibehalten und jeweils 5 fM in der entsprechenden Fb häkeln.
Faden abschneiden und durchziehen.
Das Wappen so halten, dass die „schöne Seite", bei der man die Übergänge der Fb nicht sieht, vorne ist und in der oberen rechten Ecke in Stein neu anschlingen und das Wappen wie folgt umhäkeln. 9 fM, 1 fM verdoppeln, 13 fM auf die Rdm, (1 fM, 1 Lm, 1 fM) in den Magic-Ring, 13 fM auf die Rdm, 1 Km in die 1. fM der Umrandung.

#### Halbes unteres Wappen

Die 1.–8. R wie beim ganzen Wappen häkeln, dabei muss der Faden in der 8. R nicht mitgeführt werden.
In Stein umhäkeln. Dafür in der linken oberen Ecke in Stein anschlingen und 8 fM auf die Rdm, (1 fM, 1 Lm, 1 fM) in den Magic-Ring, 8 fM auf die Rdm arb.
Faden abschneiden und durchziehen.

#### Halbes oberes Wappen

In Stein 11 Lm anschl.
1. R: (Weinrot) Ab der 2. Lm von der Nd aus 5 fM, (Sonne) 5 fM (= 10 M).
2.–6. R: Die Fb beibehalten und jeweils 5 fM in der entsprechenden Fb häkeln.

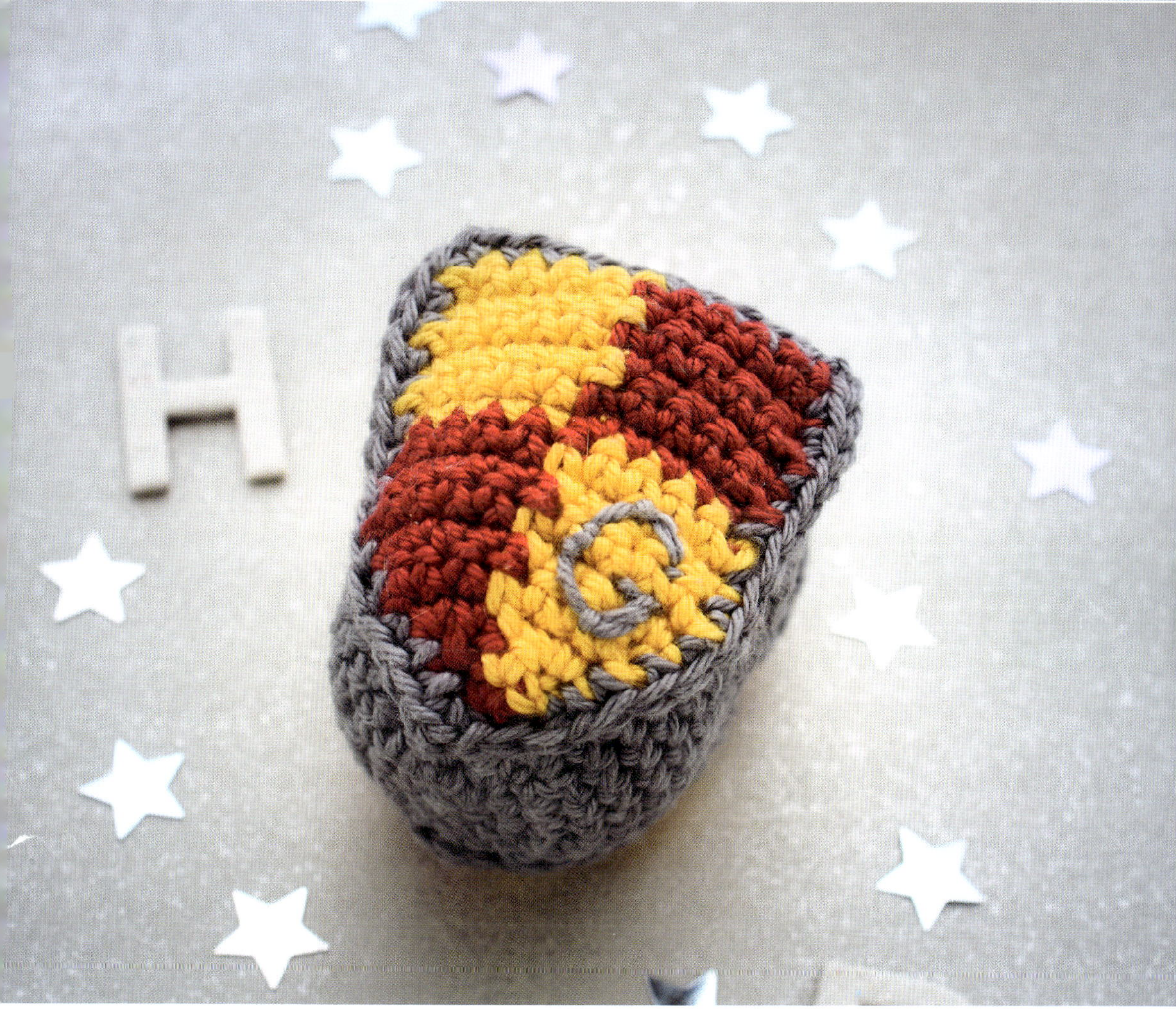

Faden abschneiden und durchziehen.
In Stein umhäkeln. In der letzten M neu anschl. 6 fM auf die Rdm, 1 fM verdoppeln, 9 fM, 1 fM verdoppeln, 6 fM.
Faden abschneiden und durchziehen.

### Fertigstellen

Ober- und Unterteil so an der Kapsel ankleben, dass der Verbindungssteg der Kapsel auf der Rückseite liegt. Mit 4 Überwendlingsstichen Ober- und Unterteil über dem Steg zusammennähen. Das „G" in Stein auf das untere gelbe Feld des ganzen Wappens sticken. Das ganze Wappen zuerst über dem Verbindungssteg feststecken und mit Stein nur die Spitze des Wappens an das Unterteil und die oberen beiden Ecken an das Oberteil annähen. Das halbe obere Wappen so am Oberteil feststecken, dass sich die Ecken der Wappen berühren und dann festnähen. Das halbe untere Wappen so am Unterteil feststecken, dass das Oberteil und das Unterteil sich berühren und sich ein ganzes Schild ergibt und dann festnähen. Die Kapsel lässt sich so noch öffnen. Alle Fäden vernähen.

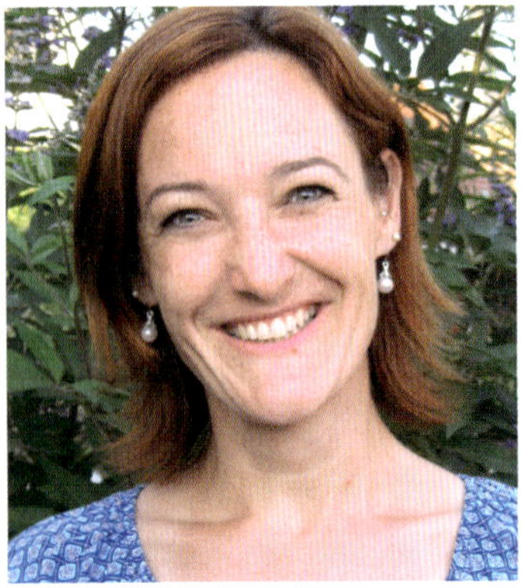

**Melanie Czerny** wurde im Neckar-Odenwald-Kreis geboren und lebt bis heute mit Mann, Kindern und Hund dort in einem kleinen Örtchen. Als Ausgleich zu ihrem Beruf interessierte sie sich schon immer für kreative Arbeiten aller Art. Ihre Leidenschaft fürs Häkeln hat sie entdeckt, als sie zuerst Mützen und dann Kuscheltiere nach den Wünschen ihrer Tochter gehäkelt hat. Mit viel Liebe zum Detail entwirft sie seit 2017 Anleitungen für den Frechverlag und kann so ihre Begeisterung für das Hobby Häkeln mit anderen teilen. Auf instagram findet man ihre Ideen rund ums Häkeln und Basteln unter @melrosie_kunterbunt


## DANKE!

Wir danken der Firma MEZ GmbH für die Unterstützung bei diesem Buch:
www.schachenmayr.com
www.mezcrafts.com


MIX
Papier | Fördert gute Waldnutzung
FSC® C106600

Penguin Random House Verlagsgruppe
FSC® N001967

## TOPP – Unsere Servicegarantie

WIR SIND FÜR SIE DA! Bei Fragen zu unserem umfangreichen Programm oder Anregungen freuen wir uns über Ihren Anruf oder Ihre Post. Loben Sie uns, aber scheuen Sie sich auch nicht, Ihre Kritik mitzuteilen – sie hilft uns, ständig besser zu werden.

Bei Fragen zu einzelnen Materialien oder Techniken wenden Sie sich bitte an unseren Kreativservice, Frau Erika Noll.
mail@kreativ-service.info
Telefon 07 11/12 37 57 20

Das Produktmanagement erreichen Sie unter:
pm@frechverlag.de
oder:
frechverlag
Produktmanagement
Dieselstraße 5
70839 Gerlingen
Telefon 07 11/8 30 86 68

LERNEN SIE UNS BESSER KENNEN! Fragen Sie Ihren Hobbyfach- oder Buchhändler nach unserem kostenlosen Magazin **Meine kreative Welt**. Darin entdecken Sie dreimal im Jahr die neuesten Kreativtrends und interessantesten Buchneuheiten.

Oder besuchen Sie uns im Internet! Unter **www.topp-kreativ.de** können Sie sich über unser umfangreiches Buchprogramm informieren, unsere Autoren kennenlernen sowie aktuelle Highlights und neue Kreativtechniken entdecken, kurz – die ganze Welt der Kreativität.

Kreativ immer up to date sind Sie mit unserem monatlichen **Newsletter**. Für aktuelle Infos, Gratis-Anleitungen und Gewinnspiele gleich anmelden unter **www.TOPP-kreativ.de/Newsletter**


## IMPRESSUM

FOTOS: frechverlag GmbH, 70839 Gerlingen; lichtpunkt, Michael Ruder, Stuttgart, Melanie Czerny (alle Arbeitsschritte)
PRODUKTMANAGEMENT: Claudia Mack
LEKTORAT: Petra Puster, Niederpöcking
HERSTELLUNG: Heike Köhl
DRUCK: DZS Grafik, Slowenien





1. Auflage 2024





ISBN 978-3-7358-7132-9 • Best.-Nr. 27132